關係修復力

心理學大師教你從衝突、裂痕中培養更高的適應力，重拾人與人的連結

THE POWER OF DISCORD

Why the Ups and Downs of Relationships
Are the Secret to Building Intimacy, Resilience, and Trust

艾德・楚尼克 Ed Tronick 、克勞蒂亞・高德 Claudia M. Gold ——著
盧思綸——譯

Content 目次

Content 目次

推薦序

不用再把過去的傷，寫到未來的故事裡！

黃之盈（暢銷作家、諮商心理師）

「即便和再親密的人相處，百分之七十相處不和都是常態。在分分合合的過程中，你的自我將更加茁壯且懂得怎麼修復關係！」收到這本書的推薦邀請時，心情非常激動，從電子檔到自行印出閱讀完第一次、第二次，第三次，一次次看下去，都有著不同層次的感動！

在我的實務工作中，許多親子關係、師生關係、生生關係，都是在相處中體驗到「分分合合」的關係。加上我們身在華人社會中，修復的方式常常不是透過「講開」，而是「請吃一頓飯」、「喝一杯酒」、「揪出門」、「打岔聊些其他的」，最後卻繞不回分歧點，對於「要再度講開」總是感到彆扭，導致問題失焦。

本書作者運用關係修復的研究，加上實務經驗和「研究的延伸」，解讀早年創傷和修復經驗的祕密，並結合兒童心理學、神經科學與嬰幼兒時期社會情感發展的關鍵因素。從作者群的研究及難得的實務視野望去，就像站在巨人的肩膀上，引領我們從過去「早年依附關係發展研究―面無表情實驗」過渡到「現代數位時代３Ｃ原始人―後疫情時代中無可取代的３Ｃ親職育兒」。

在生活中，我是一名諮商心理師／專任的輔導教師，同時也是一名照顧幼兒的全職母親。我的生涯完全投入在社區和學校諮商工作、親子諮詢及家庭育兒，因此累積了大量的實務經驗，並出版過三本心理勵志的療癒書籍，主題包括婚姻、家庭和如何進行系統性的個案概念化。

在我的書籍中，讀者也能看見許多實務案例，足以說明「童年建構的扭曲經驗，會持續影響成年的你，甚至建構出錯綜複雜的網」。成人創傷奠基於早年創傷經驗，當建構出的世界是不可信的、危險的、自我是無能的，就更容易重複創造糟蹋自己的經驗，也就是「讓過去的你，來糟蹋現在的你！」。在我的三本著作中，我設計了多達九十二個自我療癒的方式，試著帶領我的案家一起穿越衝突，找到自我整理和自我超越的管道。

也就是說，在我的工作主軸，就是在實務經驗中協助關係修復和促進親子關係。即便在這方面多年駐足研究和實務經驗，已經擁有許多心理預備、自我覺察的習慣和對應孩子情緒的方法，但回到母親的角色時，卻也在日日起床到睡前的黃金十四小時親子互動裡，感到耗竭、心累和無助。這讓我深刻感受到，身為家長更需要了解許多心智發展的歷程，更要清楚理解，在嬰幼兒的早年時期，父母若想恢復氣力和自我照顧，必須先接納所有的失和，才有力量重新鼓勵自己、修復關係。

人天生就有自我修復的能力，以及關係靠近和自我保護的天性，書中有許多堅實的研究和案例，讓我們重新發現，原來早年以及成年後的親子關係都是奠基於「失和與衝突、混亂和失序」的日常，並將所有生命中的片段，當成壯大自我的人生練習場。在作者的帶領下，身為父母的我們便知道，對生活感到心累和找不到盼望時，只要重新找回耐心、標誌情緒並且使用語言將情緒和心境具象化，就能夠自我修復。此外，家長也應該允許孩子將混亂、失序和心累視為日常。透過這些觀點，我們才能重新接納自己，化解親子關係中的各種狀況劇，找回專注解決問題的信心。養兒育女的過程中不管有什麼波折，其實都只是關係奠基的養分，只要聚焦在「修復裂痕」，就會把重點放回發展彼此的情感與社交能力。

溫尼考特曾說：「患者都會在我們的療程中畢業，進而發現活著本身就是個有意義的療程。」擁抱混亂、面對失序、學會修復、接納複雜，就是人生修煉場上，你我正在進行的生命功課！這條路上你並不孤單。牢記修復原則，珍惜現下關係，舉凡亙古至今的學者、大藝術家、平凡如你我的人，都在各自的跑道上共學著，共勉之！

前言

重建人與人的連結

緣起

透過這本書，我們將幫助讀者，從嶄新視角認識自我與親密關係的本質。在數十年的研究與臨床經驗中，我們不斷思索許多根本的問題：為什麼有些人能徜徉在緊密連結的社會關係中，有些人卻深受孤立與寂寞所苦？為什麼有些人生性憂愁、畏縮且缺乏自尊，有些人則是易怒、難以專注又玻璃心，還有人總是活潑開朗、好奇心十足，渾身充滿熱情與自信？為何個體要從他人身上獲得歸屬感和依戀感，才能發展自體感（sense of self）？其實，生活難免會陷入孤單徬徨的時刻，最重要的是從實際案例中找出答案，失落與孤獨的人們才得以重建與他人的連結和親密感。在開始分享歷年職涯累積的知識經驗前，我們會先以各自處理過的個案作自我介紹，接著說明我們如何有志一同完成這本書。

放下掌控，學會傾聽：高德的生涯轉變

二○○四年，我還在鎮上執業。儘管身為地方公認的行為治療師（behavioral specialist），受過兒科專科醫師訓練，擁有近二十年的臨床經驗，我面對診所中形形色色的個案仍舊感到力有未逮。從最一開始的諮商談話、給予建議到行為管理，治療的結果往往讓我和個案家庭都挫敗不已。不過後來在臨床上遇到的兩起個案，徹底改變了我的診療方式，一起的案主是父母眼中的叛逆期少年，另一起則是看似腸絞痛（colic）的三個月大嬰兒。

注意力不足及過動症（Attention Deficit and Hyperkinetic Disorders，以下簡稱ADHD）的一般評估時長為三十分鐘，但我和十五歲的艾力克單獨問診約二十分鐘後，我便將他的父母里克和卡門請進這小小的診療室。當時艾力克用外套緊緊裹住自己，蜷縮著身軀坐在診療桌的一角，盯著地板不發一語；而站在另一頭的卡門和里克則是雙手交叉在胸前，彷彿離艾力克越遠越好。這狹窄的診間幾乎容納不下雙方悶燒的怒火與厚重的疏離感。

我在初診時是遵循典型的ADHD診療程序，依照標準的診斷測驗詢問個案

病史。以兒科一般採用的評量表來說，他們的回答似乎都符合ADHD鑑定標準，如此說來，艾力克或許患有ADHD。[1]我們為此安排了下一次診療，打算進一步評估他的情況後再討論相關治療。

數週後，在第二次看診時，我採取了截然不同的診療方式。那年我剛進入新成立的波克夏精神分析研究所（Berkshire Psychoanalytic Institute）就讀，該所旨在培養精神分析師（psychoanalyst）[2]，並設有學者學程，供身心科醫師以外的相關專業人士進修，而我就是在那裡接觸到許多兒科專科訓練以外的嶄新觀點。人際關係對兒童成長及發育至關重要，兒科醫師所受的相關教育卻是出奇地匱乏。

自此以後，我的治療方針受到諸多觀點所啟發，其中影響我最深的人便是從兒科醫師轉職精神分析師的溫尼考特（Donald W. Winnicott）。溫尼考特二戰後在英格蘭鑽研他的理論。當時的西方社會普遍認為，母親為照顧提供者，負責哺餵孩童還有幫他們洗澡、穿衣服，但不大重視母子關係。另一方面，包括倫敦在內等大城市，二戰時都籠罩在敵軍空襲的陰影下，政府遂以安全為由，大舉撤離當地孩童，導致許多孩子與原生家庭分離。當時沒有人多加考慮此舉的後果，住院病童更是長期與父母分隔兩地。當時率先為學界帶入全新視野的人就是溫尼考特。

艾力克來進行第二次診療前，我正埋首研究溫尼考特提出的真我（true self）概念。[3]根據他的觀點，家長本身的問題會導致自己看不清小孩的本性，以及其行為背後隱含的訊息。診療室另一個案主的母親顯然印證了溫尼考特的觀點。這位母親感到十分頭疼，大兒子凡事都要搶先，她還要手忙腳亂地帶五歲和兩歲的小孩出門。經過數次晤談後，這位母親才吐露心事，原來小時候她哥哥去世了，舉家因此搬離傷心地，絕口不提喪親之痛。然而，教養兩個年齡相仿的孩子，導致她塵封已久的傷心事再次湧上心頭。

有一天，大兒子乖乖趴在地板上畫畫，接著他攀上媽媽的大腿，給她看作品。畫中有個人站在曠野中，接著他說：「這是妳，不是我。」這簡直是童言有道的最佳寫照。其實，大兒子這些搗亂的行為，是屬於典型的手足競爭（sibling rivalry），只不過個案母親從未妥善處理她的喪親之痛，才讓哀慟遮蔽了自己的視線，對生活小題大作，導致情況加劇。在診療室裡安心傾訴往事後，她才開始了解大兒子的個性與煩惱，並妥善管教小孩的行為，手足間激烈競爭的狀況也隨之消散。

我不記得自己有刻意去改變治療方針。應該說，我在無意間另闢蹊徑。不過，這些研究的確賦予我嶄新的思考框架，幫助我理解個案轉變的契機。過了一段時間後，我開始有意識地實踐新發現的診療方式，而這些經驗也帶領我踏上新的旅程。我放下掌控，開始學著傾聽，以此作為我在臨床上的首要目標。於是我逐漸明白，只要親子關係脫序，便會衍生問題行為，但起因不盡相同。後續我更了解到，親子關係脫序正是楚尼克博士所說的「失和」(mismatch)。

我開始慢慢花時間去傾聽家長和小孩雙方的心聲。一方面，家長漸漸能處理自己的情緒障蔽，深刻了解孩子的真我；家長的情緒大多混雜了羞恥、憤怒與哀傷。另一方面，我也學會秉持純粹的好奇心去聆聽，而不是徑直診斷、治療。與其探詢「有什麼問題」、「怎麼治療」，我傾向採用更加開放的問答方式，譬如「孕期過程感覺怎麼樣」、「小孩還是嬰兒的時候好不好帶」以及「小孩有沒有跟家裡的誰特別像」。透過這些問題，我邀請家長加入對話，引導他們侃侃而談，故事自然會流瀉而出。我牢記溫尼考特等學者的教誨，悉心聆聽所有的蛛絲馬跡，藉此探索問題行為所蘊藏的意義，以及小孩真正想表達的訊息。我與個案家庭攜手度過重建連結的關鍵時刻，親眼見證其親子關係和相處方式產生巨大的轉變。我將與艾力克一家人一同見證傾聽所帶來的改變契機。

第二次診療才開始沒幾分鐘，卡門就被丈夫的一番話氣到衝出診間。即便如此，里克還是一股腦兒地抱怨兒子的不是，渾然不察夫妻之間的裂痕。「他很懶，怎麼說都說不聽，完全沒想到別人，只想到自己。」里克對管教孩子力不從心，我想安慰他。另一方面，我又希望艾力克免於被怒火波及。於是我決定轉移話題來緩解劍拔弩張的氛圍。我問里克一些日常生活的小事，比如工作內容、幾點下班到家以及花多少時間跟家人相處。這些問題讓里克有機會表達自我，也讓他逐漸冷靜下來，願意敞開心房。此後，我就不再用評量表上的問題填滿對話的空隙，而是享受彼此傾聽的時光。

我觀察到，父子倆明顯放鬆下來，肢體語言不再透露出緊張和憤怒。我頭一次看到兩人注視對方，我什麼也沒說，讓他們面對面開始直接對話。里克並沒有責備艾力克，而是如釋重負地說出自己的心聲。里克說，家人的關係越變越差，他覺得很難過，艾力克又進入青春期，他想跟兒子交流卻不知道該怎麼做，所以覺得徬徨無助。艾力克也放下心中的包袱，坦承說出，其實自己很害怕聽到父母吵架，尤其導火線常常都是自己。他發覺，這些事搞得他整個人心不在焉，在學校也無法專心上課。於是我確定，個案的表現之所以每況愈下，關鍵在於溝通不良，彼此的誤解不斷加深，就更難對話。在父母眼中，艾力克既懶散又愛唱反調；在兒子眼中，里克和卡門動不動就生氣，老是一副心灰意冷的樣子。艾力克越愛反抗，父母爭執愈烈，整個家不再有親密的感覺，氣氛十分低迷。

起先看到里克對自己兒子的敵意，不禁讓我萌生批評的念頭。不過後來我轉換心態，秉持好奇心看待兩人的相處模式，這才意識到，不管發生什麼事，父母永遠都疼愛自己的孩子，也希望能持平看待孩子的所作所為。從這個角度出發，我才能理解里克的心情，並設身處地去思考為人父的立場，幫助里克以嶄新視角詮釋艾力克的行為，並重建父子連結。

卡門回來之後，驚訝地發現診療室的氣氛截然不同了。隨後我表明，自己將遵守保密協定，不會透漏與艾力克的談話內容。接著，我打算幾週後單獨與卡門和里克晤談。我再見到夫妻倆時，他們說艾力克的表現大有進展。過去，他們認為孩子的行為是叛逆的表現，如今才了解，那些舉止反映出家庭關係緊繃和課業壓力繁重，也算是一種溝通模式。

另一方面，里克和卡門也意識到夫妻間的緊張狀態，不過情況有慢慢弛緩。現在他們倆肩並肩坐著，不時看向對方，並和我分享，親子關係轉變後，他們內心有多麼欣慰。撕裂的父子關係獲得修補，艾力克與父母的連結更加緊密，一家三口不再感到隔閡，也看到彼此的成長與蛻變。其實，我沒有做什麼了不起的事，只是提供了冷靜思考的空間，同時保持好奇心去了解個案及家屬的想法。

在波克夏精神分析研究所攻讀時，我陸續認識許多精神分析和兒童發展領域的權威，包括英國精神分析師方納基（Peter Fonagy）。方納基任職於倫敦的安娜佛洛伊德兒童與家庭中心（Anna Freud National Centre for Children and Families）。他提出心智化（mentalization）這個概念，用來說明，我們從幼兒期（early childhood）就開始與人互動，由此發展出一種能力，能判讀人際關係中的各種動機與意圖。方納基提出許多鞭辟入裡的見解，改變我對臨床工作的理解，是我在執業路上的良師益友。溫尼考特也一直深深影響我的思想。我頭一次接觸楚尼克的研究時就發現，他善於用科學方法，去佐證溫尼考特在臨床工作上的成果與結晶。這一點著實令我獲益匪淺。

看著里克父子的關係好轉，我才明白，化解疏離感才能建立信任感。從誤解到理解，內心對社會關係的依附感會更加深刻。在第二次晤談中，我能與里克建立信任感，是因為我認同他的經驗，而非指責或試圖改變他的行為。因此，里克也敞開心房，試著去了解艾力克的想法。我們都放下不滿和批判，並喚起好奇心，側耳傾聽彼此的心聲。

後來專心傾聽就變成我的絕招，成為我臨床實務上的主要方針。我發現，只要跟個案的父母攜手合作，一同挖掘行為背後隱含的訊息，他們就知道下一步該怎麼做，問題自然也迎刃而解。

這次臨床經驗打通了我的任督二脈，我的求知欲因此更加旺盛。當時在小兒領域，眾人紛紛投入研究ＡＤＨＤ與新發現的兒童躁鬱症（pediatric bipolar disorder）。但我仍專注於開發自己的診療方式，透過傾聽，嘗試為個案家庭創造對話空間，以協助當事人擺脫疏離感並建立連結。另一方面，在臨床工作上，我也嘗試具體的新作法。首先，一般診療時間為三十分鐘，我延長為五十分鐘，並改在寬敞又舒適的診療室看診。會談時間越長、空間更舒服，案主便能獲得更多安全感，診療也才會更有成效。

此外，我也改變一貫的看診方式。現在我鮮少提問題和給意見，而是專心聆聽，還不時坐到地板上和小朋友互動。在如此近距離的交流中，我看到家人們關係轉好，走出憤怒、疏離與深層的哀傷，一步步重新建立連結。我看見有些小孩出其不意衝進媽媽的懷裡討抱抱，在那個當下，我淚眼模糊、全身顫抖，為親子重新找回愛與幸福而感動不已。

這些動人的時刻給我帶來力量，成為我寫作的契機，提筆與家長和同業分享臨床上的發現。這些經歷催生出我的第一本著作《把孩子放在心中》(*Keeping Your Child in Mind*)，內容專為家長及專業人士而設計。[4]

在執業生涯中，還有一起個案，也讓我對臨床治療徹底改觀。案主阿莉亞才三個月大，當時家長抱著她來治療腸絞痛的問題。阿莉亞是由診所另一位醫師轉介過來的，她知道我一心鑽研新的診療方法，想幫助病患家庭解決困擾。除此之外，她認為此個案還需要其他診療。腸絞痛並非疾病或身體異常，而是一種狀態，好發於嬰兒身上，也就是哭鬧不安。兒科醫師診斷這類問題時，通常採用「三三三準則」：每天哭鬧超過三個小時、每週超過三天且症狀持續超過三週。然而，一般治療方式對阿莉亞都不管用，無論是把她抱在懷裡、製造白噪音環境、服用各種腸絞痛滴劑或是改變母親飲食，通通以失敗告終。

阿莉亞的媽媽賈克琳，最近被診斷出罹患產後憂鬱症，醫師建議增加抗憂鬱藥物的劑量，不過賈克琳覺得用藥之後整個人都不對勁。她也擔心，加大劑量會影響跟寶寶的互動，所以遲遲不接受醫師的提議。

賈克琳跟妻子凱拉一起來看診。凱拉才剛恢復全職工作，她一直很煩惱，不知道該怎麼緩和賈克琳每況愈下的情緒。她隨手舉了一個鮮明的例子，我得以一窺她們的生活樣貌。凱拉說，今天早上來看診前，賈克琳從車上拿出採買物品時，袋子掉出一顆蘋果，賈克琳頓時崩潰，蹲在地上啜泣。

當時，我沒有馬上給予標準的腸絞痛治療建議，而是和賈克琳及凱拉一起坐在地上，觀察寶寶的一舉一動。阿莉亞出生於產婦妊娠第三十六週，屬於晚期早產兒。她出生時，沒有被安排住進新生兒特別護理病房，而是待在一般的嬰兒室。醫師或護理師也沒有告知家長，要特別注意寶寶是否有異常狀況。但小兒科醫師都知道，哪怕早一、兩週出生，只要是早產兒，神經系統還沒發育成熟，其行為表現就比較難解讀。我們坐在地上時，凱拉打了一個噴嚏，隨後阿莉亞的雙臂高舉過頭，身體扭來扭去，一瞬間從酣睡中驚醒，然後放聲大哭。賈克琳旋即抱起哭鬧尖叫的小寶寶，並在診療室裡來回走動，試圖安撫阿莉亞。「看吧？」凱拉一臉哀怨。

我點頭表示理解。寶寶從酣睡到瞬間嚎啕，我看在眼裡，知道家長有多麼辛苦。我們就這樣坐著，大約一、兩分鐘後，阿莉亞回復平靜，我接著向家長分享自己的觀察。我認為阿莉亞的狀況有一部分跟早產有關，她對外界環境的反應比一般新生兒還敏感，更容易察覺到外部變動，所以家長需要付出更多心力去照顧。兩位新手媽媽都點點頭，表示認同。如今，賈克琳總算能以截然不同的視角看待阿莉亞的行為。她的愧疚感和無力感逐漸消散，寶寶哭泣時，她不會再認定自己是壞媽媽，已然從擔憂和自我懷疑中解脫。

之後再見到賈克琳，她說自己的狀況改善很多，我在高興之餘也有點驚訝。我沒有特別去治療孩子的腸絞痛問題，只是善用時間和空間去傾聽、理解賈克琳的心情，阿莉亞的行為以及這段母女關係就獲得改善。阿莉亞一天下來還是會發作好幾次，不過現在賈克琳覺得自己可以應付得來。目前她只有服藥治療憂鬱症，所以我推薦她也去找精神分析師諮商，不過她希望把時間拿去上瑜伽課。賈克琳前陣子有聽從醫師的建議增加用藥劑量，試了幾天之後，她認為沒有必要，於是又恢復原先較低的用量。

賈克琳笑咪咪地走進辦公室，一臉寵溺地看著阿莉亞，而嬰兒車裡的小寶寶也回以滿是愛意的眼神，我充分感受到這對母女的喜悅之情。「妳覺得有什麼地方不一樣？」我問。賈克林解釋，在上一次的診療中，她覺得自己的心聲有被我和凱拉聽到，凱拉應該能懂她的感受，而且能以具體的方式支持她，不會心不甘情不願。

賈克琳也了解，阿莉亞狂哭不是她的錯，不代表她是失職的媽媽。自我懷疑慢慢消退，凱拉也能感同身受她的痛苦，賈克琳於是變得越來越堅強，更能妥善回應阿莉亞的行為。賈克琳還說，阿莉亞情緒平和多了，比較不會動不動就大哭。

「彷彿又回到阿莉亞剛出生的那段時間。」賈克琳形容，彼此的關係有了徹底的轉變。先前她一直在想要不要回去工作，不過現在她想法改變了，因為她頭一次感覺到，自己和寶寶有真正的連結。

我接觸過各式各樣的個案，從嬰兒到青春期的孩子都有。案主有各種形形色色的情緒和行為問題。從一段又一段的故事中，我發現，案主在幼年成長階段，親子關係便脫序了。後來我逐漸明白，不管問題多麼根深蒂固，只要願意花時間傾聽和促進連結，無論案主年齡大小，關係都能復原。我發現，每個小孩的問題行為都跟生命中的重要他人有關。假如我能聚焦在修復關係，而非改變行為，那麼小孩的發展也許會有所不同。

可惜的是，有些人認為，既然親子關係左右了兒童的行為，那家長就是罪魁禍首。許多人甚至會指出，小孩的問題是父母管教不當的結果。其實，從更有建設性的角度來說，我們應該要接受，只要人際關係出現裂痕，當事人就會遭受波及。有時是單方面的問題，比如阿莉亞早產又不好哄，不過，照顧者的應對方式，也會影響關係的發展。

在關係中，每一個人都扮演著各自的角色，並透過這個角色影響對方。不光是童年，不管處在人生的哪個階段，只要能夠捨棄批判或責怪的視角，平心看待人與人之間的磨擦，那麼你一定更有機會與他人連結，成就圓滿的人際關係。

認識阿莉亞不久後，所上一名職員告訴我，麻州大學波士頓分校（University of Massachusetts Boston）新設立一門研究所進修課程，專門探究嬰幼兒的心理健康。這門課結合發展心理學、神經科學和基因學等研究領域，目的是建立模型以供實務參考，包括臨床預防、介入和治療等。這個領域在學界的發展可說是日益蓬勃。瀏覽研修班的官網後，我馬上就意識到，這是我想投入的領域。[5] 這套課程主要參照美國西岸的一項研究計畫，主持人是楚尼克和專科護理師布蘭特（Kristie Brandt），而現在麻州這個研修班的主任正是楚尼克。我幾年前聽過他的演講，最近在課堂上也接觸到「面無表情派典」(Still-Face Paradigm)。

後來我申請上二〇一〇年的秋季班，上課時間是每個月一次的三天週末。[6] 授課教師是世界各地的頂尖研究員，班上同學也來自不同國家，職涯背景更是不盡相同，包括護理、精神醫學、早期療育、社工專業、職能治療、物理治療與幼兒教育。在課堂上，與其他三十名夥伴密集討論，對於臨床診療經驗，我有了新的領悟。此後，我全心全意鑽研楚尼克的學術成果。他的研究可追溯至一九七〇年代，提出的發展模型更是令人耳目一新。在因緣際會下，我們一同合作並催生了這本書。

楚尼克的研究里程碑：面無表情實驗

一分鐘又三十秒的考驗

一位深髮色的年輕女性抱著十一個月大的女兒走進診間，環顧四周後，發現一張高椅。這位母親一邊安撫尖叫的女嬰，一邊將她安置在高椅上，小心翼翼地扣上安全椅帶。

「是不是媽媽的乖寶寶啊？」母親輕聲溫柔地說道。

寶寶安靜下來，挑了挑眉，咿咿呀呀地表示認同媽媽的話，然後伸出手指頭指向媽媽後方，清楚地發出一聲「噠」。媽媽轉頭看了一眼女兒指的地方，然後回頭對她微笑，表明自己也看到了。

媽媽不時搔弄女兒腳底板，還伸出手指在她的大腿上游移，逗得寶寶樂不可支。她一邊握住女兒的雙手，一邊發出彈舌頭的聲音吸引她的注意力。這對母女一來一往的互動猶如一支曼妙的雙人舞。

接下來媽媽撇過頭去，維持了好一陣子，女嬰眼前只剩一頭深色捲髮，等到媽媽回過頭時，臉上已經失去任何表情，跟機器人沒什麼兩樣。

瞬間，女嬰緊張了起來。她對媽媽笑了笑，但對方毫無反應。她又指了一次遠處，試圖跟媽媽互動，但是這一次媽媽沒有轉頭去看，只是面無表情地盯著自己。現在，除了偶爾眨眼，媽媽的表情紋風不動。

時間過去六十秒，媽媽依舊不為所動。

女嬰開始變換姿勢，扯動椅帶向前傾，試圖伸手觸碰媽媽，但是後者沒有回應女嬰或改變神情。女嬰開始變得煩躁，雖然再次對媽媽微笑，卻笑得很勉強。女嬰嘗試拍手，媽媽依舊不理不睬。

時間過去一分鐘十八秒。

女嬰見媽媽依然無動於衷，便開始尖叫，嘗試伸手觸摸媽媽的嘴巴，然後一臉焦慮地東張西望。現在女嬰再次看向媽媽，雙手比畫起來，彷彿在哀求。儘管如此，媽媽依舊板著一張臉。

最後女嬰索性放棄掙扎，開始嚎啕大哭。她弓起身體轉向後方，看起來孤苦無依。

此刻，媽媽終於恢復表情，眉開眼笑地看著女兒。她伸手握住女嬰的手，用先前輕聲溫柔的語調說：「我在這裡啊！就在這裡啊！」

此刻，女嬰仍一臉緊繃，猶豫片刻後，她搖擺著身體綻放了笑顏，接著回握母親的雙手。現在，這對母女又和好如初。

時間總共過去一分鐘三十秒。

上述的母女互動出現在某段心理實驗影片，也就是廣為人知的面無表情實驗（still-face experiment）。[7]當時我沒意識到，這項實驗將成為學界的一大里程碑，有人因此開始研究嬰幼兒發展，也有人開始解析人際關係。

回想看看，一天下來，你有多少次不自覺地板著臉，以此表達不滿或疏遠他人，無論對方是家人、朋友、敵人或陌生人。相對地，其他人也會這樣對你。不過，實驗過程比較戲劇化，而在實際生活中，我們通常是無意識地板著一張臉，或看別人板著一張臉。每個人都會這招，而且功力爐火純青。

一九七二年，我首次展開面無表情實驗，研究結果徹底顛覆學界的既定印象。當時我剛進入哈佛醫學院，如火如荼地籌備自己的實驗室，在過往經驗的刺激下，我心中不斷醞釀一個想法：「也許，幼兒是親子關係中的主動參與者，其積極的程度超乎主流觀念的想像。」當時精神科醫師[8]與心理學家[9]開始接受，幼兒與主要照顧者（primary caregiver）之間有深刻連結，也知曉兩者的磨擦會對幼童產生負面影響，但研究的焦點卻始終圍繞在母親的行為。[10]他們最常提出的問題是：「她的反應是否協調一致？她是不是心不在焉而且無法提供情緒上的支持？她是不是行為混亂、無法預測？」。那個時候始終沒有人去探究嬰幼兒在關係中扮演的角色，只是一味假定母子關係是單向的：兒童全盤接收母親的各種影響。更早之前，我和兒科醫師布列茲頓（T. Berry Brazelton）共同研究發現，新生兒的社會能力（social competence）其實非同凡響，這不禁令我懷疑目前的主流觀點是否正確。

身為實驗心理學家，下一步自然是進行先導性實驗來驗證初步假設。我作了許多嘗試，譬如要求受試母親轉移目光不看嬰兒、皺眉頭或是不說話，可是這些條件設定的效果都不明顯。最後我想到，受試者乾脆不要對嬰兒作任何反應，這個控制條件微不足道，沒想到竟然成效顯著。結果顯示我的假設正確：受試母親無動於衷，導致嬰兒出現強烈反應。我沒想到，幼兒竟然如此積極表達自己的感受。儘管原先的研究是以母親為受試者，不過繼續讀下去，你會發現，父親及不同家族星座（family constellation）[11]的家人也有很大的影響力。

依據過往生涯所學，我會預設，受試母親倘若對幼兒不理不睬，應我的要求在實驗中板著一張臉，那麼照理說，小孩也會配合母親的木然態度，不會哀求，也不會哄逗或表現憤怒，什麼都不會做。

後續我和同事一起設計全套的面無表情實驗，第一次測試對象為七對母子，幼兒年齡平均分佈在一至四個月。[12]在科學研究中，每一對受試者皆稱為對體（dyad），研究發現對體群（dyads）的實驗結果完全一致：一旦媽媽「關閉」表情開關，寶寶便會主動使出渾身解數，譬如微笑、咯咯叫、比手畫腳、尖叫、哭泣等，使盡全力要與媽媽恢復交流。

以受試嬰兒的年齡來看，這些行為表現絕非後天所學，畢竟他們來到人世還不久。一開始分享的實驗影片，在YouTube上獲得非常多的觀看次數，其中的受試女嬰也才年僅十一個月。此外，後續研究也觀察到，不同年齡的嬰兒也有類似反應，有的才一個月大，有的還只是新生兒。這些小嬰兒都沒有學習過社交技巧，而是生下來就渴望與他人連結，準備好面對人生最初的關係。一來一往的交流是他們與生俱來的需求，一如開頭我們看到的母女互動。

受試嬰兒的反應最起碼代表兩件事。首先，心理學界原先假定「母親主導互動，嬰兒被動接受」，但他們錯了，嬰兒其實非常主動，還會積極誘導母親，以重啟交流。這項實驗撼動了當代心理學界，推翻了最廣為接受的觀念，而根據主流觀念所建立的理論，學者也必須重新檢視。其次，心理學家徹底忽略了，在人類發展進程中，有一塊關鍵拼圖，而且該領域的學者對此一無所知。

這項實驗也一併點出許多問題。雙方在互動過程中產生什麼化學作用？母子關係缺乏連結或過分緊密會有什麼影響？嬰兒可以承受關係破裂到什麼地步？嬰兒什麼時候會放棄求和？五分鐘？十分鐘？嬰兒多久才會察覺異狀且有所反應？時間多久算是正常？我們通通不知道。

我在哈佛花了好多年研究面無表情實驗，後來我和同事進一步將受試對象擴及年紀更大的兒童，甚至是大人。我們請受試成人分別扮演嬰兒和母親的角色，來還原實驗，以剖析受試者在過程中的感受，結果實在讓我們獲益匪淺。[13] 擔任嬰兒的成人形容說，自己覺得恐慌、憤怒和無助，擔任母親的成人則感到愧疚和焦慮，甚至有不少「媽媽」向「小寶寶」道歉。

成人版實驗反映出社會關係的本質，它對人類而言至關重要。由此得知，刺激你我建立連結的驅力（drive）源自於我們的情緒中樞。[14]縱使受試對象都清楚，這只是實驗，也都願意接受指令，展現真實的一面，雙方依舊產生了強烈的情緒反應。扮演嬰兒的成人感到相當氣餒，如同熱臉去貼冷屁股，這跟真實嬰兒的反應如出一轍。至於扮演母親的受試者也同樣沮喪，他們會指著實驗主持人（也就是我本人）說：「是他逼我的。」藉此向扮演嬰兒的一方解釋。不過，現實中是母親的受試者就覺得寶寶的反應很有趣，她們常說：「我以為他認不出我。」只是她們也都不喜歡這項實驗就是了。然而，不同於角色扮演的受試者，這些母親找不到方法跟小孩解釋自己的行為。

一九七五年那時，我還沒有徹底領會到，面無表情實驗所代表的意義，但我敢肯定，自己一定發現了不得了的事，所以決定將研究公諸於世。懷抱著忐忑不安的心情，我站上美國兒童發展研究（Society for Research in Child Development）年會的講台，公開介紹面無表情實驗。台下盡是專業的兒童臨床心理學家和研究者，我不禁擔心，他們會怎麼看待我的研究發現？對於這個大膽的結論，我並非全然有把握，況且，我才三十二歲，在兒童發展領域還有著大好前途。

站上巨人的肩膀學習

一九六五年，我有幸投師發展心理學代表人物哈洛（Harry Harlow）門下，展開研究生涯。儘管哈洛當時已經是半退休狀態，實驗室也有新的指導教授，但是其影響力仍舊無所不在。一九五〇年代，哈洛任職於美國威斯康辛大學（University of Wisconsin）心理學系，並昭告天下打算研究「愛」[15]，然而實驗本身卻頗引人非議。哈洛第一步就從「母親與嬰兒關係」下手，這道難題可是自佛洛伊德起就開始困擾著精神分析和心理學界。彼時，有賴英國心理學家鮑比（John Bowlby）提出依附理論（Attachment Theory），學界的視野才逐漸開啟。鮑比指出，母子間強烈的情感依附（emotional attachment）有助兒童培養健全的心理和良好的適應能力；反之，假如孩子與母親沒有深刻的情感依附，成長過程就會跌跌撞撞。

哈洛想深入探究依附理論的觀點，不過他沒有以人類作為受試對象，而是選擇猴子——恆河獼猴。哈洛先確認，恆河猴的諸多行為表現與人類相似，之後便著手展開讓他一舉成名的實驗。哈洛拆散母猴與幼猴，再以鐵絲和絨布做成的假母猴替代。他發現，假母猴養大的小猴非但異常焦慮，也比較無法和其他猴子建立關係。小猴長大後也無法好好養育自己的親生孩子。這項實驗至今成為教科書上的案例，血淋淋地證實了哈洛的見解：愛對於嬰幼兒的情緒發展與心理健康至關重要，而這個實驗證明了母愛的影響力。然而，研究大都著重在母親的作為，沒有人去深究嬰兒對關係造成的影響。

我當年有幸參與哈洛的實驗，親身處在充斥獼猴味的實驗室，我領悟到童年時期經歷的母愛，無論是充足或匱乏，都將對自我產生長遠的代間影響。假母猴養大的猴子通常會有不正常的同儕關係和性行為，即使懷孕生下幼猴，也會做出奇怪的養育行為，譬如拖著幼猴走來走去、忽視或推開牠們，甚至出現威脅的舉動。

為了理解父母與嬰幼兒關係的交互影響，我開始研究嬰幼兒的認知方式。我本來就很好奇，嬰兒如何解讀自己的體驗。知名心理學家吉伯森（James Gibson）的研究也指出，嬰兒生來就能辨別危險，這啟發我設計了一項低技術實驗。實驗者首先將受試嬰兒置於高椅上，嬰兒前方設有一面半透明布幕，幕後有一台推車，上面架著兩支桿子形成倒L型。平行於推車底面的桿子懸吊一顆球，垂直於推車底面的桿子則裝有燈泡。拉動推車上的運動裝置時，球會靠近燈泡，進而在布幕上投出陰影。[16]結果顯示，當球逼近受試嬰兒時，他們會把雙手放在臉上做出防禦動作，也就是說，嬰兒設計了一個動作回應這項刺激，並判定這是危險的狀況，當然事實上並沒有安全疑慮。

一九六五年，我甫進入威斯康辛大學就讀研究所，有幸聆聽哈佛心理學系客座教授布魯納（Jerome Bruner）的演講。布魯納專門研究語言，他非常好奇嬰兒如何理解周遭的世界，也就是他所說的意義建構（meaning-making）。[17]你後續會發現，在個人研究中，我也會使用這個術語。布魯納結束演講後，我跟他聊了好幾個小時，講了有點久。不過隔天指導教授告訴我，布魯納希望我畢業後能到他在波士頓的實驗室工作，也就是說，我的研究生涯才剛起步就拿到了在哈佛工作的機會！

能發想出面無表情實驗，還要再歸功於一位老師，這個人就是兒科醫師布列茲頓。一九六〇年代末，我和布列茲頓在哈佛認知科學研究中心（Harvard Center for Cognitive Studies）實習時認識，布魯納是當時的中心主任，也是我跟布列茲頓的導師。後來在布魯納的支持下，我和布列茲頓一起在波士頓兒童醫院（Boston Children's Hospital）創立了研究兒童發展的單位。

布列茲頓逐漸在國內的小兒領域取得一席之地，就像專科兒科醫師溫尼考特一樣，一邊汲取精神分析研究的養分，一邊累積兒科臨床經驗，成日與嬰兒和家長為伍。我每週六都會去麻州劍橋市的奧本山醫院（Mount Auburn Hospital），旁觀布列茲頓診察新生兒，他在嬰兒室大顯身手，我才得以見識到新生兒有多大能耐。

現在醫院大多採用母嬰同室，不過以前新生兒一出生，都會被安置在嬰兒室，等待母親恢復，時間大約是五天。我和布列茲頓約好每週六一起到嬰兒室，布魯納也常加入我們。那裡的新生兒有的才幾個小時大，有的則是五天大，每一個都被粉藍條紋的毯子裹得緊緊的，安穩地躺在整齊排列的塑膠製搖籃裡，一齊面向觀察窗。整間嬰兒室瀰漫著一股嬰兒爽身粉、沐浴皂和尿布混雜的味道，空氣裡盡是膩人的酸甜味。

布列茲頓出現時總帶著一個男用盥洗包，裡頭有一支醫用手電筒、一個塑膠盒和其他雜物。塑膠盒的作用類似小鼓，裡頭裝著數量恰到好處的爆米花仁，稍微搖晃就會發出輕柔的響聲。

進入嬰兒室後，我跟在布列茲頓後面，看他檢查一排排酣睡的嬰兒，然後選定一個小寶寶仔細端詳。布列茲頓會輕聲細語地說話，接著用一雙大手抱起他，翻翻嬰兒的身體，再拿塑膠盒靠近他的耳邊搖晃，並用手電筒照一照嬰兒的臉以引導反應。為了確認反應，布列茲頓還會輕拍嬰兒的不同反射區，譬如從掌心觸發抓握反射（grasp reflex），以及從臉頰刺激覓食反射（rooting reflex）；後者是一種反射動作，嬰兒頭部朝刺激點轉動，以此定位乳房或奶瓶。

布列茲頓做的大多是兒科例行檢查，但是加入了自己的見解。嬰兒能辨識人臉、聲音以及自我安撫（self-comfort），這些都是社交能力的評估指標。布列茲頓還有個獨到方法，他一邊與嬰兒交流，一邊全神貫注地觀察對方的一舉一動。站一旁的我發現，嬰兒的眼睛會判定眼前是無生命的物體或人臉，跟著它移動，並產生不同反應；四肢的活動也是一樣。也就是說，出生不過幾小時的嬰兒就有能力辨別人類和物體的差異！他們怎麼知道？他們怎麼看待自己的世界？顯然這些小人物比我預想得還要大有來頭。

其次，我發現嬰兒不單只有清醒或入睡兩種狀態。經過布列茲頓詳細的觀察與歸納，嬰兒從深層睡眠、平靜清醒再到哭鬧，一共會呈現出六種不同的生理狀態。我們注意到，每個嬰兒轉換意識狀態的方式不盡相同：有些會慢慢從睡眠轉為平靜清醒然後哭鬧，有些會哭個不停然後瞬間入睡，還有一些則沒有固定一致的作息節奏。

布列茲頓診察時，總能莫名洞悉嬰兒內在的小人類——嬰兒的本性和可能的習性。現在醫生進行評估測驗時，都會請家長共同參與，包括新生兒行為衡鑑量表（Neonatal Behavioral Assessment Scale，以下簡稱NBAS）[18]、新生兒行為觀察參考指標（Newborn Behavioral Observations，以下簡稱NBO）[19]和新生兒加護病房網之新生兒神經行為量表（NICU Network Neurobehavioral Scale，以下簡稱NNNS）。[20]但在過去的鑑測程序中，家長被排除在外，如果他們在場，就違反測驗的規定。不過布列茲頓認為，有必要和家長分享自己的評估與觀察，所以檢查完小寶寶後，他常常跑去找家長聊天，讓他們了解小孩的狀況，進而體認到，自己的小孩是與眾不同的個體。布列茲頓明白，從小孩生下來的那一刻起，家長就應該要有足夠的時間去了解寶寶的溝通方式，這一點非常重要。他會讓新手父母知道自己的小孩對什麼比較敏感、能不能自我安撫入睡以及偏好的抱法。有時候遇到比較棘手的狀況也要告知家長，譬如寶寶身體有狀況，難以平靜下來。

布列茲頓的目的是協助家長理解，每個嬰兒都是獨一無二的存在，不再只是渴望或想像的對象，而是活生生的人。他會利用短暫的時間分享看診心得，新手爸媽常常是一面聽一面驚呼連連。他還計畫，把自己檢查新生兒的方式設計成制式流程，如此一來，其他醫院的醫生和護理師便能跟進。他希望，未來兒科醫師都能讓家長見識到嬰兒複雜又厲害的一面。

布列茲頓負責系統化測驗流程，我的角色是從旁觀察並協助，但這項工作不只是筆記活。布列茲頓每週六的例行檢查都會讓我耳目一新，感到無比敬佩，這不單是科學，更是藝術、是直覺、是同理心的展現。他在我心目中就像「嬰兒口譯員」，透過一個眼神、一次撫摸和一股由內而外的暖意，就能與小人類交流。

赴波士頓就任前，我在哈洛手下已飽覽嬰幼兒學術文獻，我以為自己掌握了有關的一切知識，儘管我唯一接觸過的小寶寶，是實驗室裡的恆河獼猴。然而，在布列茲頓的指點下，我很快意識到，自己幾乎什麼都不知道。布列茲頓每週六帶我見識的新世界，徹底顛覆了當時心理學界信以為真的嬰兒形象。

布列茲頓誘發嬰兒所產生的行為，學界此前幾乎沒有闡述過。事實上，心理學家大多「認為」嬰兒做不到那些事。譬如，嬰兒會左右轉動頭部達九十度，尋找母親的聲音。還有，感官輸入（sensory input）的訊息不明，嬰兒感到不知所措時，會閉上雙眼、別過臉去安撫自己。如此說來，小嬰兒似乎初來乍到就身懷絕技，懂得如何交流互動！

綜合這些觀察，我想要證實新生兒不是被動接收者，而是主動出擊的一方，這就是我設計面無表情實驗的初衷。彼時專家認為，母親徹底掌控嬰兒，負責主導互動的走向。那麼我想知道，排除母親這位主動玩家後，會發生什麼事？嬰兒又會怎麼做？有鑒於原先的實驗，如面無表情實驗的影片所示，我馬上就知道，學界約定俗成的看法大錯特錯，真相非但跌破眾人眼鏡，而且精彩至極。

除了對實驗室的同事，我也應該向所有同行分享這項研究成果，可光是這樣想就讓我膽戰心驚。科學家是出了名地批評人毫不留情，對於那些引介不同想法來理解世界的人，更是如此。這項實驗以及連帶產生的影響，意義非常重大，牽一髮而動全身，勢必迫使心理學家摒棄某些根深蒂固的觀念。一旦成果公諸於世，我不是博得滿堂彩，就是淪為笑柄。在我看來，成功與失敗的機率一半一半。

我是年會當天最後一位講者，看著前三位研究員發表簡報，我坐立難安，他們的發現與當時學界預設為真的理論完全吻合。這樣的發表順序也許是刻意為之，年會主辦方是我的實驗室同事，他們不但贊同我的假說，也知道我打算說些什麼，這樣安排的目的就是為了保護我。最後總算輪到我了，面對台下逾四百名來自世界各地的兒童發展專家，我即將開啟一個他們前所未見的新視界。

簡報一開始，先展示面無表情的實驗過程。在一九七五年，這是一項大工程，因為影片無法投影到大螢幕上。我自創一個簡單的辦法，先錄下實驗過程，然後再設法把錄影帶轉錄成一張張底片，再投放在大螢幕上。

當我結束分享、關閉投影機的那一刻，演講廳一片死寂。我站著、緊抓住講台，試著解讀底下觀眾的情緒。我甚至不確定自己會不會一下台就軟腳，整個人跌坐在地。當時心想，果然不該冒這個險，現在底下只剩四百張面無表情的臉孔。我打從一開始就不該公開研究，我的學術生涯玩完了。

霎時間，如雷般的掌聲響徹演講廳，在場的學者這才意會到自己見證了什麼。我的學術生涯還沒完，嚴格說來是正要開始。

此後數十年的生命經驗逐漸形塑我的研究主體，如今，我希望能將這些觀點傳遞給一般大眾。另外，研修班的學員將豐富的臨床經驗帶入課程，我才了解到，原來自己的研究在不同領域獲得廣泛應用。其中一名研究員正是高德醫師，身兼作家和兒科醫師的她，每一天都在處理人們現實生活中的煩惱，後來她應我之邀共同寫書分享經驗，進而催生出各位手上的《關係修復力》。

經營關係就像疊積木，難免會倒塌

面無表情研究從先導性實驗起步，至今成為基礎深厚的理論。我們用它來詳細解析人類某些意義非凡的行為，以及畢生的各種關係。這項研究回溯你我塵封在腦海深處的記憶，也告訴我們，幼兒時期與人的連結經驗，將形塑往後的所有關係。人與人在時時刻刻的互動中難免會產生嫌隙，然而個體修復裂痕的能力，將決定其生命經驗的質地結構，以及立身處世的性格。不過最重要的是，從面無表情實驗與往後數十年的相關研究中汲取精華，學會如何從匱乏、惱人的關係中解脫，建立彼此連結的親密關係。

縱使你不是心理師或心理學家，對人際關係也沒有深刻見解，你也能領會這項研究的精髓，你甚至不必考慮它對日常生活有什麼幫助。你只要是關係中的一份子就夠了。人們一旦了解面無表情派典及其影響，生命所有關係的本質就會發生改變，無論對方是伴侶、父母、小孩、同事、朋友，甚或是萍水相逢的陌生人。

第一次觀賞實驗影片的人，目睹嬰兒失落難過的樣子，可能會產生擔憂、痛苦和恐懼的心情。有的人會回頭檢視失敗的親子或親密關係，重新體會失落感，甚至愧疚不已。有些人的反應則非常激烈，並提出抨擊和質疑：機構審查委員會（Institutional Review Board，以下簡稱ＩＲＢ）怎麼會通過這麼殘忍的實驗。ＩＲＢ是獨立的行政機構，掌理並審核臨床試驗和醫學研究，目的是保護人體實驗受試者的權益。這整個計畫從先導試驗開始，就有通過ＩＲＢ核准——當然最初我們並不知道實驗結果。時至今日，在世界各地許多經ＩＲＢ認證的研究中，研究者還時常援用面無表情實驗。事實上，嬰兒對於實驗中所面臨的情況並不陌生，每當照顧者感到焦慮或是心不在焉，嬰兒總是有類似的感覺。再者，實驗人員施加的壓力沒有超出寶寶所能承受的範圍，畢竟他們本來就很容易煩躁。

在這項研究中，我們主要想傳遞的訊息是「希望」。雖然與母親的互動突然中斷，但女嬰卻能迅速恢復活力，由此可見，她十分熟悉失和的感覺。在實驗中，我們刻意用戲劇化的方式，以凸顯面無表情的效果。然而，女嬰知道怎麼吸引媽媽的注意，顯然她以前就做過好多次，只是從來沒被注意到。透過實驗，我們放慢母女的互動過程，才因而見識到，嬰兒不僅擁有驚人的能力，還懂得藉此改善身處的環境。女嬰非但能覺察互動的異狀，而且懂得如何修復關係。

研究結果顯示，在面無表情實驗中，並非所有嬰兒都展現出主動的回應方式，箇中關鍵取決於嬰兒和照顧者的早期互動模式。這項實驗和後續數十年的相關研究，都是為了回應本書開篇的種種提問。如今我們知道，每個人的自體感和人際關係的品質，均根植於出生後最初經歷的親密關係，以及彼時每一刻的交流互動。

有些研究者著重於生物機能，有些人專注環境的影響，就像先天與後天的對比。不過，在實證研究的拆解下，此類錯誤的二分法已經分崩離析。在接下來各章節中，我們將深入探討，基因、大腦和身體如何隨著人際關係發展。重點在於，基因表現和大腦的神經連結，都是在互動過程中產生。過去科學家認為，基因預先決定了腦神經的連結，那是一套固定的連接方式，但是現在我們知道事實並非如此。人腦會隨著生命歷程有所改變，稱為神經可塑性（neuroplasticity）。新的神經彼此連結後，形成「線路」與大腦的結構。這些線路的發展既彈性又混亂，所以世界上找不到兩個一模一樣的大腦。兒童發展專家總以「神經建築師」來形容嬰幼兒的照顧者，也就是說，小嬰兒最初的人際關係會決定線路的本質，照顧者就是打造嬰兒大腦的功臣。嬰兒一再體驗到疏離感，並嘗試重新連結，也不斷得學著接受混亂的人際互動。而大腦，就在這過程中發育和改變。

從研究與實務來理解關係修復力

本書結合楚尼克的學術研究、高德的臨床經驗以及許多個人案例，完整揭示面無表情相關研究的重要性。兩位作者的職涯軌跡大不相同，也未必參與書中描述的案例，但為了方便起見，本書行文一律以「我們」自稱。此外，為保護當事人隱私，書中的個案姓名及背景資訊均經過變造。透過這些故事，我們分享嬰兒和家長所帶來的啟發，為讀者提供新視角，以理解人際關係的發展歷程。

本書不是為了取代專業醫生的關懷，也不是給予醫療、教養或心理方面的指引。只是要讓你明白，一旦無視個體的複雜性，任何建議都會妨礙其成長發育。本書的中心論點是，人相處總有不合之處，想要培養自我感覺和親密感，就一定要敞開胸懷，勇於面對人際關係的磨擦。希望你看完這本書後，對人際關係會有所改觀，並對自己身處的世界有新一層的領悟。你會發現思考的方式不止一種，有各式各樣的視角等待你去發掘。

在第一章，我們將列舉研究證明，失和到連結的過程，對人類發展至關重要。還要說明，磨擦不僅有益身心，更是人生蛻變不可或缺的力量。接下來在第二章，我們會探討不完美對於個體的重要性，並反思以完美主義當道的現代文化。第三章則剖析相關的心理機制，看看個體如何在失序後產生安全感，或是更加恐懼混亂。

到了第四章，我們將試圖破解、剖析二元論的迷思與謬誤。事實上，生物醫學與環境論並非對立，先天與後天的影響也很難一一劃分。完整的自體感以及培養親密感的能力，係源自於幼兒期所經歷的人際互動，這些時時刻刻的交流，會持續影響個體一生所建立的各種關係。在第五章，我們會對韌性（resilience）提出不同見解，強調它既不是與生俱來的特徵，也不是逆境激發的反應，而是在修通（work through）的過程中所培養的特質。[21]到了第六章，我們會說明，在反覆的互動模式下，個體更會對家庭、職場和身處的文化產生歸屬感，而這套模式就是在人際互動中所依循的遊戲規則。

在第七章，我們將揭露，科技如何改變遊戲規則，令人無所適從，並且教導讀者善用相關研究帶來的啟發，以因應時代的改變。接著在第八章，我們會幫助讀者開啟嶄新視角，學會辨識在關係脫序時會有哪些痛苦的情緒。我們在第九章會說明，在不同的時間與空間，參與無數次嶄新的互動，就能建構意義、療癒自我。

到了第十章，我們會明確指出，一味追求確定性與簡易答案，會帶來哪些危險，也會闡述，其實不確定的事物有助於成長及改變。最後，我們在第十一章會從研究理論去剖析現代社會的病痛，並試圖證明，面無表情實驗對整個社會有多大啟發。我們會一起開闢希望的道路，讓每個人都得以追尋完整而強韌的自我。

第1章

修復關係就能為心靈帶來能量

珍妮佛正在為男友克雷格準備晚餐，幾個小時過去了，她一直待在廚房裡打蛋、切菜、刨絲、料理食材……這一道道工序可以穩定情緒，讓她不去在意與男友越發緊張的狀態。兩個人交往即將邁入一週年，幾個月來他們小心翼翼對待彼此，生怕一個不小心就會破壞表面的和平。從墜入愛河到現在，兩個人的關係似乎開始停滯不前，無法再往前邁進。

某一天風平浪靜，珍妮佛的內心反倒湧現一股混亂的思緒，她回想起克雷格連月來總是心不在焉，無法在關鍵時刻照顧她的情緒。其實，早在感情蜜月期，珍妮佛就學會壓抑受傷的感覺。當兩人關係越穩定、承諾更加堅定，珍妮佛就更痛苦；如今，安安靜靜煮菜成了她掩飾自己怒火中燒的方法。

克雷格在屋裡閒晃時，偶爾會進到廚房，溫柔地環抱珍妮佛，看她燒菜煮飯，對他來說，這就是家庭生活最幸福的寫照。克雷格有注意到，兩個人的距離越來越遠，但他當沒事，照常過日子。克雷格出生在大家庭，有四個兄弟姊妹，所以習慣同時注意許多人的動靜，即使遇到不開心的事，情緒也是來得快、去得快。然而，他不知道珍妮佛困在痛苦回憶中，無法放下往日的家庭創傷，所以對她心中醞釀的狂風暴雨，一無所知。

身為獨生女的珍妮佛鮮少與人發生衝突，而家中所有人也都盡可能避免爭執。她的父親生性嚴肅，是一名越戰退伍軍人，習慣隱藏自己的情緒；她的母親則是竭盡所能防止丈夫受到刺激，否則一旦誤觸地雷，他就會馬上爆炸、翻臉不認人。夫妻一有意見不合，就會停止交流，完全不說話。然而，他們不光是這樣對待另一半，對珍妮佛也是如此。父母近在眼前，珍妮佛常常覺得他們像空氣一樣。她清楚記得，小時候有次爸爸在車上大發雷霆，空氣頓時凝結，夫妻倆什麼也沒說，而珍妮佛獨自在後座，不知所措地看著這一切，感覺自己快要從這個世界消失了。隨著時間累積，珍妮佛下意識就害怕衝突，而這股反射性恐懼也影響了她與克雷格的感情。珍妮佛十分珍惜這段戀情，但是比起建立連結，珍妮佛更害怕失去，與其吵架撕破臉，沉默不語和避重就輕就安全多了。

餐桌前，珍妮佛正在為晚餐做最後的妝點，克雷格則是低頭在看家人傳來的訊息，這個舉動對他來說再尋常不過，可是珍妮佛一看到，便瞬間燃起一股熊熊怒火，決定不再隱忍。珍妮佛說不清楚是怎麼一回事，但經過這幾個月的相處，她感覺男友跟爸媽截然不同，就算陷入爭執，克雷格也不會置之不理。在衝動之下，憑著這個印象，珍妮佛祭出了首次測試：她不假思索地把精心布置的晚餐通通掃到地上。

看到如此陌生的情緒表現，克雷格嚇了一跳，但他的憤怒一閃而逝，因為珍妮佛放聲大哭了起來。他趕忙跑到女友身旁，兩個人相擁在一起。珍妮佛停止抽泣，接著說，她害怕爭執後感情就會消失。她坐在地上，看著這一片狼藉。她告訴克雷格，自己擔心這段感情禁不起衝突的考驗。更嚴重的是，她會因此聯想到父母情感退縮（emotional withdrawal）的樣子，那段日子對她造成莫大的打擊，此後她就一直害怕被人忽視。然而，這段感情嶄新且截然不同，珍妮佛對克雷格建立了信任感，驅使她去觸碰此前從未表達過的複雜情感。

此時此刻儼然是這段感情的轉捩點。珍妮佛意識到，自己把克雷格滑手機的舉動，解讀成冷漠以對。不過，對於珍妮佛的逃避傾向，克雷格有不同的見解。他面對紛爭的一貫態度，是先等待風暴過去；他出身於大家庭，這招大多時候都管用，唯獨對珍妮佛行不通。

這次衝突後，珍妮佛越來越確信，克雷格不會一吵架就消失不見，他願意直接和對方交流，而不是溝通一有問題就逃避。他們已經學會在感情中表達自己的意圖和動機，也願意給予時間和空間，去理解對方的立場。兩人相處時，難免會有矛盾與失和之處，但只要及時化解，親密關係便能逐日、逐月、逐年地茁壯成長。

珍妮佛家滿地的杯盤狼藉……焗烤鮮干貝、歐洲蘿蔔泥和奶油炒四季豆，都具有情感上的象徵意義。在人類的成長過程中，失和與復合扮演重要的角色。身體需要吸收養分才能成長，情感要茁壯，就得修復失序的關係，從中汲取能量。和好就像一種養分，也可說是食糧，提振了你我的心靈。

失和是常態，沒有完美融合的關係

在達文西的《聖母子》畫作中，瑪利亞與聖嬰深情對望，一般人理想中的天倫之情大概就像那樣。拉斐爾也畫過一幅《聖母子》，不過更加寫實：聖嬰耶穌看著瑪利亞手上的書，後者則是心不在焉地盯著其他地方。無獨有偶，一九三六年亞斯坦（Fred Astaire）和羅吉絲（Ginger Rogers）在電影《歡樂時光》（*Swing Time*）中翩翩起舞，當中傳遞出一種理想的感情觀：美妙的戀情就像契合無間的舞步。不過，葛雷（Jennifer Grey）和史威茲（Patrick Swayze）在《熱舞十七》（*Dirty Dancing*）的演出才更接近人際互動的真實情況：有時踩到對方的腳、有時戳到眼睛。正是這一連串錯亂的腳步，才能營造出最後一幕優雅又有默契的熱舞。對珍妮佛和克雷格而言，一起清理滿地的杯盤狼藉、打電話叫外送披薩，此間的歡聲笑語，恰恰代表兩個人從失和邁向復合所產生的喜悅與親密感。

不管是嬰幼兒還是成年人，都勢必要走過失序混亂，才能在人際關係中成長茁壯！這件事本身似乎違反直覺，畢竟許多人都認為，良好、健康的關係不就代表相處融洽、沒有磨擦嗎？

完成面無表情實驗後，我們把驚人的研究成果攤在大眾面前，因此開啟了親子關係的新視野。而初級關係（primary relationship）的奧祕，還有待我們更深入地挖掘。從過去的嬰幼兒文獻，可看出學界主流的預設立場：嬰兒與照顧者越是和諧一致，親子關係越是理想，也才是「正常」的臨床現象。[1]然而，我們透過面無表情實驗證實，強韌的人際關係要從混亂中產生！

在面無表情實驗中，我們先錄下受試者的典型互動模式，之後放慢影帶去分析每一幀影像，觀察兩人每一分每一秒的交流，一窺錄影當下難以覺察的細膩之處。[2]我們以為，關係良好的母嬰會有同步又完美的互動，也就是互相凝視對方的眼睛，同時轉身、再雙雙回頭，一舉一動整齊劃一。我們帶著先入為主的觀念，以為關係的運作模式就是如此，所以只看到展現連結的片刻，而忽視任何不合的跡象，或當作非典型的相處模式。然而，經過數月研究，我們不得不承認，實際上母嬰的互動模式與原先設想有所出入。身心狀況良好的母嬰，在一般互動狀態下，有百分之七十的時間相處有摩擦！也就是說，不合是人際互動中不可避免的一環。

舉例來說，從一連串的影像我們觀察到，女嬰盯著高椅上的帶子，吸吮手指安撫自己。媽媽試著引起女兒的注意力，她卻視而不見。接下來，媽媽把女兒的手指從嘴裡抽出來再輕輕放回去，這時兩個人相視而笑，媽媽隨即再靠近一點，女嬰又看向了別的地方，一支全新的雙人舞由此揭開序幕。

「在絕大部分的關係中，相處時有百分之七十的時間合不來」，你認為這句話有道理嗎？我們在實驗裡一而再、再而三觀察到的現象就是如此。七三分的關係模式，在發展心理學領域日益出名，然而部分學者援用時，卻不知道是因為我們仔細研究了早期親密關係。一開始，我們期待看到協調又契合的互動，所以將不合視為問題，現在才恍然大悟，人際關係的常態就是如此。透過分析影帶，我們才發現，問題的關鍵不在於不合，而是修復。

及時修補裂痕

我們總算發現，人際互動的癥結在於修復裂痕。過程中，人們會產生愉悅、信任和安全感，間接感到「我能夠解決問題」。再者，它帶給我們重要的生命啟示：不必坐困愁城，只要後續有恢復和諧的機會，不合所衍生的負面感受，就會轉變為正向情緒。至於是否有信心，認為自己能扭轉局勢，則端乎個體在嬰兒時期所經歷的互動方式。

我們進行了一系列面無表情實驗。研究人員會先觀察受試者的既有互動方式，藉此判定他們在實驗中的交流表現。[3]我們先請母親跟嬰兒玩一些平常的遊戲，如拍手或數數，接著仔細觀察兩人自然的互動模式。在實驗過程中，我們發現，嬰兒會應用遊戲時學會的策略，對母親發出訊號，藉此化解不合且修復關係。壓力上升時，他們會發揮應對的潛力，那是與照顧者在日常交流中學到的。他們尚未發展語言能力，也還不能進行有意識的思考，但已能運用生活中累積的互動經驗，妥善因應照顧者的陌生行為以及隨之而來的壓力。

我們了解到，不合與修復是正常且不斷發生的生命經驗，對於人類這種社交動物的發展，更是不可或缺。在初級親密關係裡，人類僅百分之三十的時間是相互契合的，這項事實真是讓人鬆了一口氣！人與人和諧相處的時間是如此短暫，所以成年人不需背負大太壓力，也不必非得追求百分之百和睦的人際關係。百分之七十的不合不僅是常態，只要有機會修復裂痕，更是有利於培養正向積極的生活態度。混亂是正常的，唯有樂於面對，才能建立互信的人際關係。

大多數的受試者都是在失和後馬上修補關係，才恢復正常交流。換句話說，嬰兒和照顧者保持正向的循環，只要有裂痕就修補，即使這些舉動微小到難以覺察，卻在每分每秒的互動中發揮作用。

從最初的面無表情實驗到往後數十年的延伸研究，我們學會最關鍵的一課是：失和與修復是無可避免的過程，而人際關係想要更上層樓，這階段更是不可或缺。唯有如此，人與人才不會陷入僵局而分離疏遠。正如同珍妮佛和克雷格的體會，必須讓混亂出頭，才能從「分」走向「合」。

個人的生活意義會影響相處的模式

克雷格童年時在原生家庭經歷了無數次的失和與修復過程，於是培養出一種充滿希望的核心意識，借用布魯納的術語來說[4]，克雷格建構的生活意義富含希望。反之，珍妮佛缺乏修復經驗，她建構的意義較為黯淡，面對親密關係時，就會表現出保護自我的防備意識。

克雷格與珍妮佛之所以會建構不同的意義，均源自於生命最初幾個月的經歷。回溯一開始的實驗，我們觀察到，嬰兒會運用不同策略與母親交流。在現實中，失和與修復的過程不斷在發生。女嬰學會透過自己的行動改變現況，儘管年僅十一個月，她也跟成人克雷格一樣，建構出充滿希望的生活觀。

有些受試親子的關係本來就脫離常軌，所以在實驗中沒有表現出健全的反應，從失和走到修復。由此可知，生活意義是由家長和嬰兒一同建構出來的。[5]有一些媽媽魂不守舍，與孩子很容易有衝突，卻不費心去修補裂痕。有一些媽媽過於焦慮，因此親子關係幾乎沒有失和的空間。還有一些媽媽，其舉動帶有侵略性，不停地觸碰孩子，完全無視對方抗拒或忐忑不安的樣子。另一方面，缺乏修復經驗的嬰兒，面對失和時也不大會嘗試恢復交流，以消弭距離感。

珍妮佛的成長過程跟那些嬰兒一樣，苦於貧乏的修復經驗，沒有學會去處理生命歷程必然會遇上的分歧。在成長過程中，父母陡然中斷情感交流，帶給珍妮佛極大的痛苦，她只能學會保護自己不要受傷，像是待在房間裡拚命寫作業或看書，所以其課業表現相當優異。她藉由理智維持自我完好無缺的樣子，但在情感上變得越來越防備和封閉。

珍妮佛和克雷格談戀愛時，依然不斷重複這個行為模式，不過克雷格擅長交流，和她之前交往過的對象截然不同。此外，珍妮佛從克雷格與家人的互動中觀察到，爭執對克雷格來說不算什麼，面對她的冷漠，克雷格也能處之泰然，從來不會大發雷霆，於是珍妮佛逐漸對這段感情產生信心，所以當憤怒超出容忍範圍，她並沒有選擇躲在自己的繭裡，反而是任由狂亂與不安破繭而出。

那一頓晚餐搞砸了，但珍妮佛因此有意識地敞開雙臂，試圖面對失和並修復關係。勇於面對相處時的分歧以及混亂狀態，珍妮佛才找到另一種相處模式，重新建構安全且充滿希望的生活意義。她明白，在這個世界裡吵架是可以的，勇敢站在克雷格的對立面，彼此才會更加靠近。克雷格所建構的生活意義，讓他在關係中比較自在，但他也有進步的空間。他開始理解到，女友的反應其來有自，也越來越能意識到自己那些分心的舉動，於是學會更加專注，在當下陪伴女友。克雷格在關係中學到，必須用心付出，才能跨越原生家庭的防火牆，進而建立親密關係。

由新關係建構新的生活意義

有些人認為，建構意義就是用自己的方式「知曉」或「理解」這個世界，也就是有意識地透過語言來思考。最早提出這個概念的布魯納是認知心理學家，所以才會從語言符號及認知內容來解釋。然而，面無表情實驗已然揭示，人類建構意義的過程先於習得語言的能力。人類早在初生時，就能透過心理及生物等多層次的功能建構意義，包括基因、感覺系統（sensory system）、自律神經系統（autonomic nervous system）和運動系統（motor system）。透過多層次的感受，我們便能體會、思考、接觸、觀賞以及聞嗅，以此來詮釋自體在不同時刻的體驗。換句話說，人與人之間的交際互動涉及多層次的感知、運動及情緒經驗，而且唯有人類才能夠處理。

精神分析師桑德（Louis Sander）是嬰幼兒研究先驅[6]，他創造開放空間（open space）一詞[7]，用它來解釋，嬰兒與照顧者之間有許多互動方式，而前者就是從中培養自體感。在開放空間中，寶寶與照顧者互動，進而形成獨一無二的自體。藉由每分每秒的人際互動，我們建構自體在世界的意義，一如嬰兒從誤解到重新評估他人的動機與意圖。

面無表情實驗與其研究成果證明，嬰兒天生就有能力影響周邊的世界，並且懂得運用這個能力和環境互動。面對毫無表情的母親，嬰兒會採取一系列的回應策略，並極力嘗試重建連結。在面無表情相關實驗的情境下，我們得以挑戰嬰兒建構意義的能力，假如他們會說話，或許會抱怨，母親對其不理不睬「沒有任何道理」。該實驗一般時長為六分鐘，根據研究目標，重點環節的長度會有所不同，而母親面無表情的時間約為兩分鐘。現在請花兩分鐘，對著渴望得到你關注的家人、朋友擺出木然的臉，他們肯定會覺得，這一百二十秒像一輩子那麼久！這股漫長感無形中加劇了受試者的反應，讓實驗人員得以窺見嬰兒建構意義的過程。

此外我們也發現，成功經歷過失和與修復的嬰兒，懂得採取不同的策略，以因應來自實驗情境的壓力。譬如在影片中，女嬰伸手指向其他地方、大聲呼叫，並且嘗試與對方連結，是在展現能動性（agency），表示她有能力掌控自身的生命，在自己的世界裡採取有效的行動。假如女嬰能用語言表達，大概會說：「為什麼媽咪不理我？不過我知道，只要繼續努力，就可以獲得她的注意。」經歷無數次的失和與連結，嬰兒非但不會有無助感，甚至會發展出新方式，充滿希望地和世界互動。對於這次的經驗，女嬰建構了一種特殊意義，不僅對未來感到樂觀，也賦予自己韌性（詳見第五章）。反之，鮮少經歷失和與修復的嬰兒，就會建構出負面意義（詳見第八章），若用語言表達，大概就是「妳不愛我、我不相信妳、我好無助」。

事實證明，隨著時間進展，互動應對以及建構意義的模式會越來越穩定。我們在十天內，針對五十二組母嬰分別進行兩次面無表情實驗。[8]結果發現，嬰兒在兩次試驗中都使用同一套策略交流和安撫自己。鮮少經歷失和、修復過程的嬰兒會出現悲傷、退縮或脫離（disengagement）的徵象，比較難冷靜下來，有的身體姿勢不協調，有的徹底崩潰，一動也不動。這兩種反應都表明，他們感到無助且無用。

接下來，針對罹患憂鬱症的母親及其嬰兒，我們也進行面無表情實驗，從而對原先的實驗成果有了全新見解。[9]我們先進行相關問卷與測試，以找出潛在的受試母親，並透過訪談，以判定分數較高者是否為臨床上的憂鬱症患者。接著我們比較控制組（憂鬱症母親與嬰兒）與對照組（健康母親與嬰兒）在影片中的表現，藉此看出受試者的互動方式。在和諧狀態下，母嬰表現一致，互相微笑凝視；失和時，嬰兒微笑凝視母親，母親則一臉憂傷。在這次的實驗中，我們計算出母嬰從失和到復合平均所花費的時間，並發現，憂鬱症母親比較容易犯錯而導致失和，完成復合的時間也較長。實驗人員也採集嬰兒的唾液，發現修復的時間越長，嬰兒的壓力荷爾蒙（即皮質醇）濃度越高。

憂鬱症母親的寶寶比較內向，並透過內在對話或物品安撫自己，這種習慣很快就會內化成嬰兒的生活態度，並在長大成人後放入人際關係。

值得慶幸的是，對成人來說，早期的關係模式並非永久不變。在第九、十章，我們將深入探討各種面無表情實驗的研究成果，也會說明，在生命歷程中所要面對的各式各樣人際關係，包括孩子、伴侶、朋友、師長和治療師，而從中就能找到持續成長的契機。

有些人在童年時期鮮少經歷失和與修復，而藉由各種層次的夥伴關係，就能展開全新的交流，並擺脫原生家庭的羈絆。若對方有心也有能力接受改變，便能攜手經歷起伏的關係，療癒彼此的內心。

有些人會一再陷入病態的人際關係，總是帶著焦慮或無助的感覺生活，覺得自己無能為力改變任何狀況。然而，能動性如同希望的種子，必須和親密的人不斷經歷失和與修復，才能生根發芽。

人從一出生就投入人際關係

在個體第一次與母親交流的瞬間，就開始建構意義了。現在我們從新手媽媽艾蒂迪與小寶寶塔妮莎的角度，依序來解析她們第一支雙人舞——母乳哺育。人與人互動的時間單位不是小時也不是分鐘，而是秒。每一秒串在一起，就會形成我們在世界上的自體感。

對於塔妮莎的到來，艾蒂迪既期待又怕受傷害，這是她的第一胎，所以不太清楚怎麼做個好媽媽。生產結束後沒幾個小時，艾蒂迪讓哭鬧的嬰兒靠在自己的乳房上，試圖安撫她。塔妮莎還是揮動雙手，作出歪七扭八的肢體動作。艾蒂迪把寶寶包在毯子裡，對她輕聲呢喃。不久後，她感覺女兒的身體逐漸放鬆，並慢慢停止哭鬧、緩緩睡去。塔妮莎醒來後，一股腦兒地使勁吃奶，直到這一刻，艾蒂迪才放下心中大石，展現期待已久的喜悅。對於第一次哺乳，艾蒂迪所建構的意義，若以語言來表達，應該就是「我辦得到、我懂我的寶貝」。

現在來看塔妮莎是怎麼想的。這副小小的身軀扭曲蠕動，她雙臂高舉過頭，一次又一次地尖叫哭鬧。有東西放進她的嘴巴裡，但她不知道該怎麼對待它。接著塔妮莎聽到輕柔的耳語，身體被溫暖的毯子裹了起來，呼吸逐漸變得緩慢。現在她的雙臂安放在胸前，不再瘋狂揮舞，身體也放鬆了，她尚未成熟的神經系統一安定下來，很快便進入了夢鄉。小睡片刻之後，身體恢復平靜，媽媽再一次讓她靠在乳房上，她絲毫沒有抵抗就開動了。假如能夠以語言表達，塔妮莎對第一次吃奶建構的意義應該是「有安全感，很舒服」。

艾蒂迪和塔妮莎找出方法來跳第一支雙人舞，開始培養深厚的親情。艾蒂迪知道女兒累了，她的神經系統有感覺到壓力；塔妮莎則需要媽媽幫助自己鎮靜下來，並且在吃奶前小睡一下來提振精神。雙方投入時間彼此磨合，艾蒂迪餵飽了塔妮莎，也發展出為人母的身分認同，還有自信及自我效能（self-efficacy）。在失和與復合的過程中，塔妮莎得到身體所需的養分，艾蒂迪的心靈也獲得滋養，充分呼應桑德所說的相遇瞬間（moment of meeting）。[10] 桑德在一九七七年寫道：「在當前的嬰幼兒研究中，學者找到很有說服力的證據。他們指出，人類一生下來就處於密切的人際關係中，並因此得到存在的意義。這組關係聯結兩個元件，它們各自具有生命、自我調節力強，生氣蓬勃又懂得靈活變通。也就是說，嬰兒與照顧者早就在互相交流了。」嬰兒與照顧者是兩個分離且獨特的個體，在為人母及新生兒階段，就開始去認識對方。塔妮莎和艾蒂迪在相遇瞬間湧現喜悅之情，並馬上攜手修通失和的狀態。

修復的關鍵不在於怎麼說或怎麼做，也不在於設法克服人際交流的挑戰，而是從失和過渡到復合中間的點點滴滴。

吸收新資訊，接受刺激，才能提升社交能力

觀察家長與嬰兒的互動時，我們一再發現，在初級親密關係中，兩人默契極差，老是出錯。於是我們好奇想問：「在關係中，衝突會產生什麼效果？」有一套科學理論可以提供解答，它在不同領域中獲得廣泛應用，從物理學到心理學都可以見到它的身影，也就是開放動態系統理論（Open Dynamic System Theory）。

根據這套理論，包括人類在內的所有生物系統，會不斷吸收外部資訊，讓自己成長為越來越複雜的個體。[11]有些生物無法增加系統的複雜性，就會喪失能量，無法變得強大。譬如說，哈利舅舅老是在家族聚餐時，發表他那僵化的政治觀點，將其他家人的意見拒於門外。反觀，表妹蘇珊和表弟皮特喜歡吸收新知、充實自己。

他們會花時間傾聽對方的故事，了解各自的動機和意圖，修通彼此的差異，形成新穎的洞見。獲取外部環境的新資訊，就能獲得成長和蛻變的能量。

這套理論適用於人際關係，更能說明生命本身的起源。已故的知名物理學家霍金（Stephen Hawking）在《時間簡史》中有提出解釋，說明地球上的生物是誤打誤撞演化而來。地球的原始大氣沒有氧氣，不是人類能夠生存的環境，但是，原子隨機合成巨分子（macromolecules），再與其他結構相似的原子結合，許多原始型態的生物便從海洋中發展出來。霍金接著說明，巨分子在繁衍的過程中如何出錯，以致於生成嶄新的生物結構：

> 巨分子可以自我複製與繁衍，但有時在過程中會出錯，還會導致它毀壞，無法再自我複製。然而，有一些錯誤會製造出新一代複製能力更好的巨分子，取代原有的巨分子。這就是演化過程。藉由這個方式，有機體逐漸出現，它們具有自我複製的能力，結構也越來越複雜。最初的原始生命型態，吸收了包括硫化氫在內的各種物質，並排放氧氣，逐漸改變大氣的成分，最後形成今日的大氣層，高階的生命型態得以出現，例如魚類、爬蟲類、哺乳類以及

人類。[12]

在霍金的生命起源模型中，巨分子代表開放動態系統，它們隨著時間不斷出錯，才能組合成會製造氧氣的有機體。而人與人的相遇就像巨分子最初的碰撞，在互動中必然會犯錯，但也因此發展出複雜的自體感，好在世界上找到自己的定位。

個體不光會吸收環境的新資訊，在巨分子的結合過程中，我們還看到生命的活力：它們會移動，彼此碰撞、破壞，進而重構出嶄新的型態。新資訊也會打亂人類既有的系統，迫使人類重新組織自己，以找出存在與存活的方式。因此，失序的系統會創造新穎且不同的意義。

每個人系統重組的過程，都是和其他人一起經歷，包括嬰幼兒時期的照顧者、長大後的朋友、同事或伴侶。在磨合中，我們產生新的相處方式，進而更加了解對方。要是人無法接受失序或失和，那就無法成長蛻變，更加無法深刻地認識他人。

在失和與修復的過程中，人類成長所需的能量會不斷出現，可以說是心靈的卡路里。在混亂的互動中，我們越來越了解對方和自己，從中獲得養分壯大心智。

在物理學領域，開放動態系統理論是一門冷冰冰的學問，但是套用在人類的情感生活中，就顯得有血有肉了。我們發現，失和衍生失望及失落，而重新連結帶來深刻的喜悅及完整感。關係癒合所產生的愉悅就是驅動成長與發展的燃料。

若個體的內在系統太封閉，與人互動時就無法產生交流的效果。閉鎖、僵化的個體只想保持熟悉、單調又一致的作法與觀念，並且誤以為這就是安全感。他對於關係中的混亂狀態感到不安，只想維持既定的互動模式，於是陷入惡性循環，無法成長也無法改變。我們會在第三章討論如何達成安全感。珍妮佛與克雷格都發現，僵化的互動模式會導致個體封閉自我，假如能卸下心房、擁抱混亂，我們才能為自己的系統注入活水。

胎兒也會受環境影響

數十億年前，地球上的生物在混亂失序的狀態下，從而創造出五花八門的物種。生物學家達爾文在他的演化論中描述到，生物體的去氧核醣核酸（Deoxyribonucleic Acid，以下簡稱DNA）鹼基對（base pairs）發生突變（或說出錯），就會導致個體間出現變異。如同霍金所說的巨分子，變異有利於物種繁衍、興盛。演化過程中，大自然創造出許多不同的物種，各自以獨特的方式適應其特定環境；這個失和與修復的過程上演了數百萬年。

如今事實證明，在生命歷程中，基因的作用也會改變！後生遺傳學（Epigenetics）是一門新興且熱門的學科，其英文字根epi源自希臘文，意為「在……之上」或「除……之外」，genetics則是遺傳學。因此，後生遺傳學的研究範圍在傳統的分子遺傳學之上或之外。當中有項研究指出，基因並非注定不變，這番論調重新定義了心理學界僵持不下的爭論，也就是先天與後天孰輕孰重。

DNA是所有生物細胞的遺傳物質，呈雙股螺旋狀，每一股由許多核苷酸鏈結而成。核苷酸本身則是由數個連接在一起的分子組成，而基因就是核苷酸的特定序列，親代的遺傳性狀便是藉基因傳遞給子代。儘管DNA本身不會改變，但是基因會根據環境開啟或關閉反應。分子，通常是甲基，會與核苷酸鏈結從而改變基因表現，這個過程就稱為「甲基化」，舉例來說，特定基因在壓力環境中可能會開啟憂鬱反應，但在適應環境中會關閉憂鬱反應。[13]

以前生物老師總是說，基因會製造蛋白質，但沒提到基因會製造意義，可是這些蛋白質確實決定了我們對環境的反應。蛋白質的變化會影響個體代謝及抗壓的能力，比如說，基因一旦啟動賀爾蒙反應，產生大量皮質醇，身體和大腦就會將這個變化理解為焦慮，進而左右我們回應環境的方式。在接下來的故事，我們會說明基因如何建構意義。

一九四四年冬天，荷蘭鐵路工人為了阻止納粹軍隊深入推進，遂發起罷工，而納粹為了報復荷蘭便切斷糧食供應，史稱冬季大饑荒（Dutch Hunger Winter）。[14] 直到一九四五年戰爭結束，已經有兩萬多人不幸餓死。後續許多學者研究了在饑荒期生下的兒童，結果竟發現了基因遺傳的另一個新奇面貌。

數年來，許多研究人員密切觀察這些兒童，發現他們長大成人後，體重都高出平均值，到了中年期不僅三酸甘油脂和膽固醇數值較高，更是肥胖症和糖尿病等代謝疾病的高風險族群。還有研究人員長期追蹤十八至六十三歲的男性，他們發現，在子宮內度過饑荒期的人，死亡率高出其他人百分之十。[15]

饑荒期有明確的開始和結束時間，意外造就了一場遺傳學實驗。在後生遺傳的過程中，胎兒為了適應外部匱乏的環境，於是改變了特定基因的表現方式。基因序列的變異就會導致囊狀纖維化（cystic fibrosis）和肌肉失養症（muscular dystrophy）等遺傳疾病，但是後生學研究發現，這些變化是起於基因表現，換句話說，改變的是功能染色體的合成方式。

人類體內的PIM3基因負責燃燒身體燃料、製造蛋白質，以促進代謝作用。然而，胎兒在子宮內經歷適應過程時，會關閉PIM3基因的反應，藉此減緩代謝，以因應缺乏營養的環境。某種程度來說，胎兒已經「預測」到營養會供應不足。戰爭結束後，糧食供應相形穩定，食物較為豐富，可是嬰兒的PIM3基因已經被關閉，代謝作用減緩，因此容易造成肥胖。他們跟其他兄弟姊妹一同成長、發育，但體重卻比較重。因為，即使處在食物豐饒的環境中，這些人的身體反應沒變，仍舊預期饑荒會到來。反之，沒有在子宮內經歷饑荒的人，這項基因的反應就沒變，也就不會衍生代謝方面的疾病或肥胖問題。

我們看到，在這場冬季大饑荒中，子宮與嬰兒出生後的環境不協調，造成基因表現的改變。而後生遺傳學研究更指出，環境對基因表現的影響，會再透過遺傳延續到子代身上。

過於壓抑的父母會教養出自我要求過高的孩子

人類的生命經驗根植於基因，而基因取決於祖先的經驗。你會擔心自己受影響嗎？有一部分的人，尤其是祖先曾遭受創傷的後代子孫，確實對此相當悲觀。然而，仔細推敲後生遺傳學，便能得到啟發，並為生活帶來希望：既然為了適應環境，基因表現會有所改變，那麼在不同階段它就有不同的面貌。

許多家長都會害怕遺傳帶來的影響。有些人擔心，小孩子現在常常發脾氣或惹麻煩，「長大之後就會像比利叔叔一樣」，飽受各種精神疾病折磨。確實，在繁殖作用下，基因代代傳承，你從父母身上繼承各半的遺傳物質。不過後生遺傳學的研究告訴我們，儘管小孩跟比利叔叔有一樣的基因，但它們對行為及成長的影響，多半還是取決於小孩成長的環境。

西奈山伊坎醫學院（Icahn School of Medicine at Mount Sinai）的雅胡達（Rachel Yehuda）精神醫學博士，研究過猶太人大屠殺倖存者的後代子孫，目的是找出環境對基因的影響，以及它如何透過遺傳對子代產生作用。[16]接下來是倖存者子女成年後的真實遭遇。

希爾達和卡爾小時候都關過奧斯威辛集中營，當時他們並不認識對方。戰爭結束後，他們與倖存的家人一起移民到紐約。兩人相識後便陷入愛河，並成立自己的家庭。戰爭期間，他們的生存環境不斷出現急迫的威脅，於是身體建構了特別的意義。在後生遺傳的過程中，相關基因不斷強化，讓皮質醇持續分泌，並改變身體應對環境壓力的方式。為了應對環境的威脅，製造皮質醇的基因表現增強了，於是個體在面對壓力時，血液會充滿皮質醇，讓身體變得過度警覺（hypervigilance），而且持續處在高昂的激發狀態（state of arousal）。這不僅有助於個體適應環境，有時甚至可以救命。然而，過度活化的皮質醇製造基因也遺傳到了卡爾和希爾達的兒子艾瑞克身上。

但是艾瑞克生活在安全的紐約市，並不需要增強壓力反應，過多的皮質醇對他來說並不必要。針對戰爭創傷，身體所建構的後生意義存在基因裡，並且從父母的身上遺傳到了艾瑞克身上，但是這層意義並不契合他生長的安全環境。因此，艾瑞克需要付出心力，時時刻刻掌握失和與修復的契機，改變深藏在基因裡的壓力反應，才能建構嶄新的生活意義。艾瑞克的基因與美國安全的戰後環境顯然互有不合，因此修復的過程就變得至關重要。

現在三十好幾的艾瑞克，在金融業的工作一帆風順，家庭生活美滿，有嬌妻德拉沃，還有兩個活蹦亂跳的兒子。雖然生活看來幸福美滿，艾瑞克卻苦於焦慮和無止境的自我懷疑。他自我批判太過強烈，不管外界定義他多麼成功，他都不覺得自己是個有用的人，甚至不為自己的成就感到開心。

除了工作以外，艾瑞克大部分的時間都在健身房鍛鍊。他認為，若能對身材更有自信，不安全感就不會死纏著不放。隨著四十歲生日到來，艾瑞克的不安全感與日俱增，他開始沉迷於各種節食方法，早餐和午餐都只吃高蛋白奶昔，甚至規定家人用餐時也要遵循健康飲食法。此舉嚴重破壞了大家享受美食的樂趣。其實艾瑞克的種種問題，都是源於基因遺傳和成長經歷。

艾瑞克很小的時候就發現，父母也很容易感到痛苦和焦慮，因此他學會，身體一感到痛苦就要立即關閉感覺系統。上大學後他發現，只要母親問：「最近過得如何？」他一定得回答：「很好。」否則母親會兜圈子，硬要把話題拉回來，繼續盤問：「你一切都好，對吧？」這時，他就會放棄掙扎說：「對，一切都很好。」

至於艾瑞克的父親，他總是給兒子遙不可及的感覺。長大懂事後，他開始明白，父親因為戰爭失去了無數重要的人事物，只能於埋首工作中逃避悲傷。父母費盡心力，想要確保世界井然有序、安全無虞。然而，每當家人聊天時談到大屠殺，父親就會努力轉移話題，把重點放在現在的生活有多美好，絕口不提跟創傷有關的任何回憶。

不過，對於艾瑞克在運動和飲食方面的偏執，家人已經忍無可忍。德沃拉建議，丈夫應該向心理治療師尋求幫助，她不希望兩個兒子生活在緊張和恐懼的環境中；她知道這就是艾瑞克童年時期的處境。艾瑞克明白妻子是對的，他必須有所行動。然而，不管艾瑞克做了再多心理準備，也萬萬想不到與歐茨醫生的第一次相遇將會帶來多大轉變。

一味避免衝突不會讓感情變好

艾瑞克第一次與歐茨醫生晤談時，便感覺到強而有力的連結，多年後再次回想，他認為那是往日從未體驗過的安全感。約莫一個半小時之後，艾瑞克感覺到，歐茨醫生會幫助他澆熄內心悶燒的痛苦。他害怕與人有摩擦，所以封閉自我，儘管他和德沃拉都對小孩寵愛有加，但夫妻關係卻是日益緊繃。艾瑞克覺得，跟孩子相處比較放鬆，和妻子待在一起反而會感到焦慮，因為他期待兩人間要有親密感。

第一次面談結束後，艾瑞克出現一種跡象，那在精神分析心理治療中很常見，也就是患者會退行（regress）到溫尼考特所說的依賴位置（position of dependency）。

[17]在治療關係中，雙方有時會變成家長與嬰兒。這種新關係會讓患者打開心房接受建議，從而改變不健康的心態。

這四十年來，艾瑞克用盡力氣維持有序的狀態，極力避免任何混亂。如今，他深藏的情感一下子全部浮出水面，令他痛苦不堪。在每週兩次的療程裡，他都能表現出成年人該有的自體感。但歐茨醫生去度假時，艾瑞克便承受不住壓力，竟然無法進食，將食物塞進嘴裡也吞不下。直到醫生休假回來，艾瑞克拒食的症狀才馬上消失；然而醫生一去度假，症狀又會再次出現。數年來，兩個人共同努力探索，拒食的問題才總算解決了。這時候艾瑞克才意識到，自己是在「渴求」意義。當他與某人建立親密關係、進入混亂狀態時，才能感覺到「被餵食」了。先前他之所以會失去進食的能力，是因為他還沒察覺自己的失落感，而歐茨醫生突然離去，他心靈接受不到養分，所以才會無法吃進真正的食物。

艾瑞克的父母以前過得很辛苦，可想而知，也無法與兒子一起修復關係與感情。母親總是迂迴閃避，父親更是躲得遠遠的，不想面對相處時的矛盾與混亂。他們的世界既僵化又脆弱，但在歐茨醫生那邊就不一樣。第一次晤談時發生什麼事，艾瑞克也說不清楚，但他知道自己可以盡情展現憤怒、愛和恐懼，醫生會與他同在，更不會假裝「一切都很好」。

最重要的是，艾瑞克可以和歐茨醫生一同走過失和與修復的過程，以建構新的意義；醫生既不害怕出錯，也勇於認錯。還在治療初期時，雙方預約時間出了差錯，艾瑞克到診所發現大門深鎖，他的心頭湧上莫大的恐懼感，擔心歐茨醫生是否出了意外。此時，艾瑞克就像面無表情實驗裡的嬰兒，不知該如何解讀眼前的情況。艾瑞克很少與人發生磨擦，所以遇到嚴重的衝突時，會感到無所適從。艾瑞克和歐茨醫生一起進行修通，反覆經歷失和修復的過程。兩人有時會起衝突，但言歸於好後，關係會更加緊密。這就是艾瑞克邁向自我療癒的關鍵時刻。

面對德沃拉或是父母時，艾瑞克的習慣是，只要察覺到有一絲絲不合，他就會瞬間抽離感情。這種應對模式對他傷害很大，雖然都是在無意識的情況下發生，然而，一旦身體拒絕接受任何負面情緒，許多機能便會關閉。舉例來說，艾瑞克透過苛刻的飲食方式，來調適心情、保持冷靜，以應對外界的挑戰。不過，既然他渴望與人有親密感，就必須放下戒心。歐茨醫生提供了安全的空間，讓艾瑞克能夠忽略潛意識的身體反應，透過語言來表達內心的想望。

心理治療研究也證實，艾瑞克之所以能復原，背後有其原理。研究顯示，修護同盟破裂（repair of alliance ruptures）與療癒有關。[18]精神分析師黑文斯（Leston Havens）也指出，患者與治療師的「生存碰撞」(survival of collision）非常重要，[19]這個概念與物理學家霍金最早描述的開放動態系統遙相呼應。也就是說，人際關係必須先經過破壞才能變得更完整，猶如「置之死地而後生」，這與大爆炸形成宇宙的動力模式不謀而合！

在五年的治療過程中，艾瑞克經歷大大小小的衝突，也順利熬過來。他的自體感也在這個過程中逐漸成形，偏執的飲食習慣也不復存在。他不再害怕亂七八糟或難以理解的狀況，自然也就不再需要偏執的規則。同樣的，艾瑞克可以接受夫妻間的衝突，而不是逃避爭執或一味地暴怒。之後，兩個人的親密感與日俱增，家人的步調更加協調一致，不再各自為政。與歐茨醫生的治療結束時，艾瑞克已經擁有一群好朋友和好同事。他可以放心地跟他們走過失和與修復的過程。與歐茨醫生互動，讓艾瑞克建立了信心，也有勇氣卸下心防而願意相信他人，進而踏入這個廣大的社交世界。

現在他能平心靜氣去看待父母的缺陷，並重新發掘親子關係的美好之處。雖然父母的言行依然故我，但艾瑞克不再感到恐懼。他用理性說服自己，可以自在地與父親相處，雖然在情感上還是有一點距離。此外，他也懂得滿足母親的心理需求，一方面安撫她的不安，但不會因而失去自我。

大部分人生活了幾十年，都不覺得與人相處有什麼問題，只是缺乏某種程度的親密感。到了第八章，我們會深入討論到，人們有時候也會對自己感到陌生。如果人能清楚意識到個體間的差異，並在關係中得到足夠的安全感，就能無所畏懼地面對混亂，而不會失去自我；艾瑞克和歐茨醫生的關係就是如此。

心靈的傷，身體會記住

從面無表情實驗，我們發現，原來嬰兒在大腦發展思考和語言的能力前，就能建構意義。就像在荷蘭冬季大饑荒出生的嬰兒，即使大腦發育尚未完全，也會內建某種求生意義。

透過生理、心理、行為和意識等運作機制，人不斷在建構意義，正如大家常說的「跟著感覺走」。[20]感知系統、運動系統、自主神經系統（調節身體功能的控制系統）、內分泌系統、免疫系統、基因，甚至是生活在腸道中的上千億微生物，都負責建構一部分的意義，並與語言表達的意義相輔相成。

歐茨醫生一不在，艾瑞克就無法進食，這從常理來說無法解釋。雖然從小父母提供他食物，補充身體所需的營養，但是他的身體卻還記得，其內心卻乏感情的滋潤。他設下嚴苛的飲食規則，治療期間又發生激烈的拒食反應，這兩件事的起因相同。光是用語言文字創造一段敘事，包括談論他父母的戰時創傷，都不足以改變艾瑞克的生活態度與模式。與歐茨醫生互動、一同走過失和與修復的歷程，艾瑞克才真正改變自己。他需要讓身體和心智學會靈活的運作方式，這樣才能勇敢面對人際關係中混亂的那一面。

在飛機上遇到亂流時，理智上我們會叫自己不要擔心。不過身體不聽使喚，手心發汗、胃部會感到一陣噁心，出於本能就想握住把手。就算你跟自己說，沒人死於亂流，但是身體還是產生反應，感覺死亡即將來臨。同樣地，即便是巧遇到對你很差的前老闆，也會讓你心頭一震、雙手發抖、思緒混亂，哪怕你以為這個沮喪的經驗已經被「拋諸腦後」。舉例來說，幼兒總是有用不完的能量，還有許多天馬行空的創意，但還不會用語言思考。若你強迫他們遵守學校的制式規定，他們會覺得很困惑，認為那「超出自己的能力範圍」，導致免疫系統產生不良反應，引起濕疹發作。

害怕和恐懼太多是非理性的，若從語言文字去分析，很難找到合理的根據，也許是來自於幼年時的人際經驗。艾瑞克已經不記得，小時候全家去過紐約的洛克威海灘。不過他一直對海洋感到恐懼，害怕碰到海浪或踩到水母，這些排斥感源自於他在童年早期隱約感受到的緊張和焦慮。認識歐茨醫生後，他愛上了海洋，喜歡每一次踏浪濺起的水花，還有和兒子一起放聲大笑的時刻。隨著時間流逝，在一連串新關係的作用下，他不再排斥海洋，對人生的恐懼感也降低，更懂得享受生活。

成功的祕訣就是「不怕犯錯」

在第二章，我們會接著探討現代文化對完美的執著。事實上，這種態度正好牴觸了面無表情實驗帶給我們的啟發：犯錯才能開啟療癒和成長的契機。近日作者高德在雜誌訪談中被問道：「成功的祕訣是什麼？」她毫不猶豫地回答：「不怕犯錯。」錯誤是成長的必經之路。若能修通形形色色、無可避免的失序經驗，個體會變得更堅強，生活也會更多采多姿，前所未見的嶄新世界便由此展開。

佛洛依德有句名言：「愛與工作是人性的基石。」[21]有些人徜徉在有愛的生活中，從事理想又有意義的工作；有些人則是困在病態的關係裡，跌跌撞撞尋找人生的意義。為何會有這些差異？從面無表情實驗的相關研究中，我們得到始料未及的答案。不管是為人父母、伴侶、手足、教師、治療師或商業夥伴，多數人都抱著一種心態，認為事情起頭要順利，才能持續進行。然而，無論是對工作還是愛情，滿心期待事事一帆風順，勢必會給自己造成麻煩。我們分析生命初期的親密關係後發現，在人際互動中，個體一定會發現數不清的錯誤，而那正是個體成長和創意的來源。在生活各個時刻，我們不斷修復失和狀態，建立信任和親密感，共同建構經驗的意義。而缺乏修復經歷的人，容易感到焦慮，對人難有信任感，既無法成長茁壯，也時常感到無助。

有了這層領悟後，才能體會到成功的意義，它適用於所有的文化，還能擴大解釋，以包含各式各樣的生活方式。多數人以為，與人建立親密關係、擁有充滿意義的生活，才是成功的人生。其實，在親密關係裡，有能力經歷必然的失和與復合，才是有意義的人生，而這一切從出生那一刻就開始了。

第2章 夠好就好

人手失手，馬有亂蹄，不管是養小孩、談戀愛、跟新同事打好關係或是人生路上的任何挑戰，誰都會有失策的時候。作決定與行動時總是信心十足，但事後來看，就會發現漏洞百出。不過，關係本來一定會有缺陷，我們靠著修補它們來獲得能量，除了化解不安與煩惱，還能培養自身的創意、凝聚力和複雜性。化解混亂失和，重新與人連結，不僅帶來喜悅，也讓人有所成長。這個想法也許令你吃驚，畢竟大多人都期望自我及人際關係完美無瑕。畢竟能與重要的人「心有靈犀」，總是令人嚮往，當中彷彿有種神祕的吸引力。許多人滿心期待關係美滿、情感協調（attunement），一旦事與願違，便會大失所望。

從某段面無表情的實驗影片中，我們看到完美主義如何讓人大栽跟頭。[1] 影片一開始，母親和她兩歲大的女兒表現出絕佳的默契，一邊玩娃娃還能幫對方接話，彷彿是彼此肚子裡的蛔蟲。看樣子，這對母女達到完全的同步性（synchrony），且絲毫沒有溝通不良的狀況，其樂融融的畫面十分賞心悅目。可是到了面無表情的環節，女孩卻完全崩潰，肢體動作越來越狂亂，就連見過各種場面的實驗人員也看不下去，馬上中斷實驗。母親迅速恢復神情，嘗試與女孩互動，可是後者並不像先前的女嬰那樣和緩下來，反而情緒越陷越深。她不停喘氣，也對母親的安撫視若無睹，還憤怒地出手打媽媽，哀怨地說：「妳剛剛幹嘛不理我？」畢竟這是實驗，對媽媽來說，女孩的疑惑實在是天大的難題。然而，媽媽也沒有意識到女兒的痛苦，只是回答：「不要動手！」她沒有發現女兒的憤怒，於是接著問：「妳很難過對不對？」小女孩顯然不是難過，也許媽媽只用自己的角度看事情，逕自判讀女兒的感受。她一味灌輸自己的想法，但沒有聆聽女兒的心聲、解決對方的困擾。在這次實驗中，不管是媽媽還是女兒，兩人都錯失了修復失和的契機。

儘管母女一開始的互動無可挑剔，但是缺乏失和與修復的經驗，小孩便因為短暫失去母親而手足無措。我們彷彿親眼目睹，隨著照顧者片刻的離席，女孩逐漸發展的自體感也一併消失了。

嬰兒若有足夠的失和與修復經歷，在成長過程中，就能跟自己說「我能改變情況」。無論是嬰兒或成人，只要在關係裡一而再、再而三經歷失和，就會逐漸發展出能動性，也就是我們在第一章談到的，有能力掌控自身生命並採取有效的行動。能動性會幫助個體建立正向的情感核心，樂觀迎戰前所未見的情況。相反的，倘若一味期許完美，個體就會錯失機會去克服困難，既無法促成完整的人際關係，也沒有辦法去挑戰彼此的界線，衝撞出火花。

在某張照片裡，六歲的耶米利被三歲妹妹阿耶娜一把抱住，他的眼神寫滿了疑惑，彷彿在說「發生什麼事」。在耳濡目染下，阿耶娜已經學會社交上的禮俗，看到鏡頭就知道要微笑。耶米利卻是睜大雙眼，對拍照這件事，既好奇又困惑，不只如此，他的反應也說明他對周遭環境的感受。時間快進到二十年後，兄妹擺出同樣的姿勢，微笑相擁，此刻兩人的神情洋溢著年輕人的氣息，要向世界展示自我認同。究竟成長是怎麼一回事？耶米利如何認識世界，成為這位獨一無二的青年？

從嬰兒時期，經過無數次失和與修復的過程，才創造出現在的耶米利，他此後的人生也將持續經歷這個過程，慢慢地走向中年、老年。

從失和到修復的過程至關重要，是形成人我分際，區分「我」、「你」、「他」的必經歷程。溫尼考特發現，在發展自體感的過程中，嬰兒會挑戰照顧者的界線。他認為，正常的兒童才不會跟照顧者產生完美的情感協調，他們在成長過程中只會不斷製造問題和搞破壞。溫尼考特在給家長的文章中寫道：

正常的兒童是什麼樣子？會吃飯、有長大、一臉笑咪咪就好嗎？絕非如此。對父母有信心的正常兒童，會傾盡全力，在成長過程中不斷搗亂、破壞，還會消磨、糾纏和佔據父母的空間和時間，更有許多莫名其妙的恐懼……如果你希望孩子不要懼怕自己的想法，情感能力會不斷成長。那你從一開始，就要為他提供充滿愛與能量的環境，並以寬容態度對待他。[2]

家長容許兒童陷入混亂，他就能朝健康的方向發展，對於「我是誰」會有正面健全的看法。在規範行為的同時，家長若能小心呵護孩子的心靈，便能給予他們安全感。本質上，我們就是在表達：「你現在很激動沒關係，我會待在你身邊，你不是一個人。」開頭提到的那位母親，顯然無法忍受失和，她渴望與孩子在情感上完全協調，但這會破壞女兒逐漸生成的自體感，並阻礙她發展能動性。

不完美才美

二十七歲的麥依是朋友眼中的人生勝利組。從小到大，她學業表現優異，課外活動又參加得多，也依照父母的期望，進入一流大學就讀。父母是傑出的學者，他們鼓勵麥依朝學術生涯發展，她也照做了，順著既定道路繼續就讀研究所。後來麥依跟一個彬彬有禮的高中老師交往，她父母最看重文化素養了，所以馬上就接受這位男友。他們敞開雙臂歡迎對方，也趕緊催促麥依結婚。從小到大她都沒有反抗過家人，也都接受父母規劃好的未來，直到這段感情走到了盡頭。事實證明，高中老師是父母眼中的乘龍快婿，卻不是她的真命天子。

有生以來頭一次，在摯友的鼓勵下，麥依拋下光鮮亮麗的一面，縱身躍入不確定的狀態，盡情品嚐失戀的錐心刺骨。她感到悲傷又孤獨，卻保有一丁點的希望。於是她離開被窩，前去當地的健身房報名。重獲自由後，麥依恢復在週末游泳的習慣，小時候她就很喜歡這項運動。某天她碰巧認識了游泳隊的成員，便接受對方的邀請加入練習。

麥依每週六都會和隊友進行晨練。在每次賣力划水前進的過程中，她感受到平靜與規律的力量，彷彿自我和身體合而為一。即使轉身出現失誤，她也會儘速恢復划水的動作。精神科醫師佩里（Bruce Perry）談到，在走路、跑步和游泳等運動中，身體得快速交替動作，可以有效統整大腦、行為和情感（詳見第五章）。結束訓練後，麥依會和隊友在置物櫃旁聊天，在腎上腺素催化下，不僅團隊情誼日益深厚，麥依的自體感亦是日復一日茁壯。

麥依從游泳及友誼中獲得龐大的能量，令她有勇氣轉換職涯。她渴求與他人建立更深刻緊密的連結，於是決定成為社工師。她在職訓過程中認識傑斯坦。他們在一起總是吵吵鬧鬧，與過去平淡無奇的戀情截然不同。麥依總算體會到，在失和的過程中，人與人的羈絆與親密感才會加深。

「我是誰？」、「我的歸屬在哪裡？」、「生命的意義是什麼？」這些問題不僅困擾著童年的你我，也隨著我們長大成人，時時刻刻震盪你我的生命歷程。精神分析師庫柏（Steven Cooper）在〈優雅混亂：省思楚尼克華．楚尼克之研究〉（An Elegant Mess: Reflections on the Research of Edward Z. Tronick）中問道：「兩個人要如何達到真正的心心相印？事實上就連成人作為獨立的個體，在大多時間裡都未必知道自己想要的是什麼。」[3]等到回過神來，我們已經不斷在衝撞他人的防線，只為了與對方建立連結。

麥依回顧自己的人生歷程，從完美無瑕的童年時期到與男友分道揚鑣的困惑階段，她其實很難認同過去的自己。唯有隨著時間，不斷展開新的體驗和關係，麥依才能培養出更複雜且真實的自體感。

對麥依來說，參加游泳隊、結交新朋友、轉換職涯跑道幫助他人以及和傑斯坦相戀，諸如此類的新體驗徹底改變了她的生命。然而，面對分手後的混亂心情，童年的經歷卻不大有幫助。

與人相處的經驗，其實會變成身體的一部分，並影響你的人生觀，重新設定自己存在於世界的意義。舉例來說，很多人發現和別人一起唱歌很療癒。合唱團成員排練時會不斷經歷失和與修復的循環，無論是分部內、分部間，抑或是整個合唱團與指揮者皆是如此。為了帶給觀眾非同凡響的聽覺饗宴，團員必須齊心協力，才能熟練複雜的樂曲。練習時勢必會出錯，但只要攜手度過磨合期，就能同聲齊唱高潮迭起的曲調。表演時，團員們紛紛湧現喜悅之情，並乘著音符傳遞給台下觀眾。

接受不完美的關係，家人和伴侶才能做自己

物理學家霍金研究宇宙數十載得出一番見解：「宇宙最基本的原理之一是，萬事萬物都是不完美的……倘若宇宙運行沒有任何缺陷，你和我就不存在。」[4]霍金深知，地球要創造出生命，就需要巨分子相互碰撞，以繁衍出「瑕疵品」。由此我們得知，在物理世界，不完美也是必要的性質。無獨有偶，溫尼考特也觀察到，在人類發展過程中，不完美也是要件，打從出生起，我們需要透過缺陷才能成長。

相對於其他哺乳動物，只有人類在初生第一週會表現出異常的無助舉動，一旦受到驚嚇，便會反射性將雙臂高舉過頭。此外，新生兒的睡眠模式也毫無道理，一天到晚不是想吃就是想拉。然而，之所以如此，是因為大腦尚未發展完全，胎兒為了順利通過產道，在子宮內只會發展百分之三十的大腦，出生後才會開始發育剩餘的百分之七十，所以出生時全仰賴照顧者打理自己的世界。[5]

正是如此，新手父母才會說，顧小孩是全天候的工作。溫尼考特觀察到，假如母親產後獲得他人照顧與支持（美國文化並不強調婦女產後照護），那麼她跟寶寶會更加親近和諧，他稱之為「全心奉獻的母親」，她們會以正常、健康的方式全心

全意照料嬰兒的一切需求。這麼一來，嬰兒前幾週感覺無助時，就會覺得母親永遠在身邊。[6]

然而，在嬰兒沒有異常的狀況下，這種情感和諧只是暫時的，大約十週後，他開始有自理能力，便會開始作亂。大腦和身體逐漸成長，原始反射也會消失，嬰兒的身體會變得更加協調。溫尼考特指出，這個時候媽媽必須「犯錯」，絕對不能滿足嬰兒的所有需求。註定犯錯的母親有一項全新任務，她要成為溫尼考特所說的夠好的母親（good-enough mother）。[7]溫尼考特意識到，多數媽媽本來就全神貫注在自己的寶寶身上，一旦對方感到無助時，她們第一時間就會發現。所以，她們天生就是「夠好的母親」，他人如何也教不來。

很多人都以為，「夠好的母親」只是用來安慰媽媽的話，只是用輕鬆的口吻，讓她們不要記掛自己犯的錯。事實上，這個概念反映出更深刻的道理：犯錯與缺失是人格健全發展的必要條件。

睿智的溫尼考特指出，失敗（霍金說是「出錯」）無可避免且不可或缺。母親不應該追求完美，而是表現及格就好。嬰兒要學著去適應母親的缺失，體認自己和母親是不同的個體。當他能學會面對生命中必然出現的挫折，自體與他者的分際就成形了。

在這個基礎上，人類發展出自我調節（self-regulation）的能力，它對學習發展與社交能力至關重要。我們將在第四章深入談到，個體與他人一同修通犯錯、失敗的經驗，才能培養自我調節能力。溫尼考特在《遊戲與現實》（*Playing and Reality*）中寫道：

> 當然，照顧者應該提供「夠好的」環境，這是個體成長發育的必備條件。有些基因確實會決定個體的遺傳特徵與傾向，帶領他長大、成為成熟的人。不過，情感要能健康發展，絕不能缺少「夠好的」環境。請注意，我沒有用到「完美的」一詞，世上只有機器才是完美的。不完美才是人類適應環境必要的特質，也是改善環境的因素。[8]

在學術研究之外，溫尼考特也定期與許多父母書信往來。他在英國的育兒研究圈，就像《星艦迷航記》中的史巴克一樣有智慧。他寫道：

我不想被一位凡事游刃有餘、全知全能的母親養大，而是寧願她有身為人類的各種內在衝突。[9]

身為兒科醫師，溫尼考特看遍家長與嬰兒各種互動方式。他也是有耐心的精神分析師，不斷陪在成年患者身旁，後者在沙發上一躺就是好幾個小時。結合兩種診療經驗後，溫尼考特發現，成年患者會退化到「依賴狀態」，即使是極為短暫的分離，也會產生強烈焦慮感，一如艾瑞克起初的狀況。他也觀察到，醫生與患者的情感交流稍有不協調，譬如停頓太久才回話，患者也會非常激動。患者不會痛苦到嚎啕大哭，即便大哭，也懂得解釋自己的行為。這些成年患者的表現就是佛洛伊德最早提出的移情（transference），也就是把治療師當成自己的早期照顧者。

溫尼考特汲取臨床的經驗，進一步提出「真我」與「假我」的區別。他仔細聆聽像麥依這樣成年患者的告白，發現他們似乎都缺乏健全的自體感。診療兒童和成人患者的工作讓溫尼考特意識到，即使媽媽無法滿足寶寶的需求，但是付出時間摸清他想表達什麼，就能引導他去適應變動不居的人際互動，孩子的真我便會逐漸成形。

反之，假如照顧者出於各種理由無法容忍關係中的不完美，事事順應寶寶的需求，那麼後者就會發展出假我。在前面提到的實驗中，女兒非常生氣，媽媽卻堅稱女兒是難過。我們不難想像，女孩的感受總是不被接納，為了順應母親的期望、使其接納自己，女孩會否認內在的憤怒情緒，甚至讓自己難過起來。

在麥依的故事中，我們也看到類似的順應態度，家人為她安排好康莊大道，反而阻礙了她走上發展真我的路途。

執著於完美的關係，只會令彼此焦慮

夠好的母親會適時放輕鬆，不會去滿足孩子的所有需求，從而培養他面對失敗的能力，以發展健全的自體。另一方面，太好的母親則是事事迎合，生怕一個出錯就會破壞親子關係，因而扼殺了彼此經歷失和與修復的機會，以致阻撓孩子的成長。

為了改善三歲兒子的問題行為，莎拉致電診所安排晤談。她留下語音訊息：自己兩點到兩點半之間可以接電話，那時候班在午睡。接著莎拉交代得更仔細。早上八點到九點，班要吃早餐，飯後玩一下讓他去小憩。正午準時吃午餐，十二點四十五分要去散步，一點四十五分回來午睡，到兩點大概就睡著了。「那個時候我可以講電話。」莎拉一天的行程都圍繞著兒子，為了滿足他所有需求，字字句句都透露強烈的焦慮感。

莎拉透過剖腹產生下班，術後卻引起併發症，住進加護病房幾天。她與班的關係可說從一開始就很不順。和小嬰兒分開的那幾天，她苦不堪言。親自照顧兒子後，她才感覺到「無可比擬的幸福」。班進入學步期後，問題開始浮出檯面。現在母子倆早也吵、晚也吵，莎拉賣力要當個完美的媽媽，卻徒勞無功。現在的班很難哄睡，去學前班還動不動就崩潰，一有不順心，就會發脾氣。莎拉連改變晚餐的菜單，兒子都會暴怒。

面談初期，治療師猜想，問題的根源在於親子關係一開始就有裂痕。莎拉對班有愧疚感，覺得自己產後的第一週因為生重病，所以「拋棄」了兒子。莎拉進一步省視過去後，她意識到媽媽對自己和哥哥也有類似的壓力。莎拉說，她母親捨棄了犧牲了自己的生活和需求，把一切都給了孩子。在莎拉的回憶中，母親總是非常焦慮，跟孩子的距離感很遠，沒辦法照顧他們的情緒，莎拉的生活因此非常壓抑。

莎拉和兒子的關係會陷入僵局，有一部分原因是，她希望兒子不會再對自己失望，他剛出生的那幾天已經被拋下了。她越是自責，越是重蹈母親的覆轍。直到莎拉意識到，自己遺傳了母親的心態，想當個完美的家長。她這才明白，自己一心追求完美，非但無法實現，還會把生活搞得緊張兮兮。莎拉不禁思考，班的行為是不是也反映出她自身的焦慮。完美主義影響到她的親子關係，等到莎拉願意正視的那一刻，內心深處的某部分就被釋放了，那是一種解脫放鬆的感覺。

放開心胸後，莎拉總算能接受兒子在學步期的混亂狀況。班的表現之後確實有改善，母子間也變得不那麼緊張了。莎拉不必隨時幫班準備小玩具，她晚上可以跟朋友出去，而不用在意兒子會因此而生氣。母子關係獲得修復後，班的睡眠明顯改善了，也開始喜歡上學、交朋友。我們看到，透過失和與修復的過程，這對母子建立了良性的界線，對彼此的信任更是與日俱增。

從這位個案中我們所得到的教訓，可以應用到人生中的所有關係。莎拉為了滿足班的每一項需求，把搞得自己焦頭爛額。執著於構築完美關係，只會讓人焦慮，阻礙自我發展。

修復關係前先學會傾聽

布萊恩的公司董事會時常花好幾個月在開會，只為了解決一個難題。大家一次又一次圍坐在會議室裡交流協商，有些人相當有見地，卻也十分固執己見。會議屢屢陷入僵局，不少人開始害怕開會。某次會議後，克萊莎問布萊恩：「要不要改在我的工作室開會？」克萊莎是布萊恩的朋友，也是董事會成員之一，在當地經營舞蹈工作室。克萊莎建議，與其一來就討論正事，不如先讓大家花一點時間寒暄，聊一聊生活近況。她說：「規定所有人聊天的時候只能傾聽不能插嘴。」布萊恩同意了。

那一天董事陸續到達工作室，大家坐在各式各樣不同的椅子，像是懶骨頭、瑜伽球或折疊椅，有些人則坐在地上。在隨興的安排下，眾人的壓力減輕了，不需硬要提出中規中矩的意見。到了寒暄的環節，克萊莎請大家站起來四處走動，挑一個對象，花三分鐘聊聊過去一週發生的好事、壞事。依照指示，傾聽的一方不能夠插嘴或給意見，從而每個人都發現，不插話亟需自律。

開始討論正事時，董事們更懂得傾聽了，在發表自己的想法前，會花一點時間省視同事的見解。由此可見克萊莎是個有紀律的老師。不同於坐在會議室，在開放空間裡坐成一圈，大家的壓力都減輕了，不再強迫彼此要想出十全十美的解方。每一個人都同意，對方的意見可能是正確的。透過這種方式，所有人都得到能量，新穎的點子自然傾巢而出，計畫很快就成形，眾人也一致通過。為了解決問題，大家另闢空間與時間自然地隨興相處，終於找到有意義的答案。

還有一則關於友情的故事，也讓我們得到同樣的啟發。蘇菲亞和伊莎貝兒從國小二年級認識到現在，縱使兩人的成長歷程迥然不同，依舊維繫著友誼，相處起來輕鬆自在。蘇菲亞搬到西岸後，兩人的感情也是一如往昔。她們不光有一樣的音樂品味，更是彼此出遊的好夥伴，總之她們都十分享受對方的陪伴。

之後，兩個人各自有了小孩，截然不同的育兒方式竟成為友誼第一道裂痕。隨著小孩越來越大，雙方的歧見也日益加深。小孩上小學之後，有一次蘇菲亞回東岸找伊莎貝兒聊天，結果卻大吵一架，友誼徹底破裂。她們忘記當時怎麼吵起來，但是彼此都不再跟對方說話，反正一個住西岸、一個住東岸，就算冷戰不聯絡，日子也是照常過，彷彿什麼都沒發生。

一年又一年過去了，友情依舊沒有癒合，兩人都感到精疲力竭。她們有試著打電話和對方和解，不過對話內容總是生硬尷尬。後來蘇菲亞回東岸老家探望親戚，剛好伊莎貝兒放假，兩人便相約在週末一起去爬山，修補復合的契機就此出現。透過爬山這個活動，兩人有大把的時間正視彼此的心結，運動也有助於穩定她們的身心，讓她們能發自內心交流對談。在規律的步行節奏中，她們仔細聆聽對方的心聲，從而修補破裂的關係，對彼此都有新一層的認識。小孩後來都大了，她們也約好，蘇菲亞每年回老家時，兩個人要一起去走走、聊聊天。她們找到更有意義相處方式，並體認對方在自己生命的重要性。

在歲月的洗禮下，我們在不同時刻經歷失和與修復，進而成長蛻變。這兩則故事告訴我們，只要願意付出時間傾聽對方的心聲，嶄新的意義便會油然而生。我們會在第九章進一步討論到，問題不單出在遣詞用字，倘若要從動作、感官等各層面創造意義，就必須讓身體融入修復過程。

孩子在成長前，會先經歷退化的狀態

溫尼考特在倫敦梳理他的臨床觀察與理論。在麻州，布列茲頓當時還是個年輕醫師，極力構建關於缺陷的理論。布列茲頓注意到，嬰幼兒個人的發展達到轉捩點前，會先退化崩解。他根據數十年的臨床經驗寫成《接觸點》（*Touchpoints*），提供家長作為照護的參考架構。他在前言提到：「兒童要取得突飛猛進的成長，並發展各種能力前，會先經歷崩解的階段。這時候，家長不能指望小孩會維持先前的表現。他們在很多方面都會退步，令人難以理解。而出於比較心態，家長也會變得緊張。」

不過布列茲頓發現，有些家長能理解，這些失序行為是邁向下一個轉捩點的預備動作，所以會把握機會去了解孩子，而不是坐困愁城。

以愛蓮為例，她覺得自己是失敗的媽媽。兒子諾亞好不容易養成規律的睡眠時間，但是沒幾個月一切都走樣了。現在諾亞一個晚上會醒來好幾次，作息毫無規律，令愛蓮百思不得其解。在臉書上，她看到其他朋友跟寶寶的合照，完全沒有身心俱疲、幾近崩潰的樣子，這更加深了愛蓮的無力感。愛蓮試過各式各樣的方法，譬如醒了就抱起來哄或是放著讓他哭到睡。孩子睡前她會親自餵母奶，凌晨兩點跟四點醒來的話，就交給丈夫瓶餵。睡眠不足嚴重影響愛蓮的思考，她感覺自己已然墜入絕望的深淵。

不久，諾亞踏出了人生的第一步，終於能夠站立了，他的睡眠習慣隨著一併改善，半夜醒來的頻率也減低。這幾個月來，愛蓮為了哄他入睡所做的各種嘗試，也開始發揮作用。她現在有更多的休息時間，不再感到愁雲慘霧。

無論是對家長還是小孩，布列茲頓都感同身受。他看見孩子苦於自己的混亂狀態，也看見家長一邊摸索自己的新身分，還得和內心各種複雜的情緒搏鬥。有些家長抱有不切實際的期待，不懂小孩的行為，也不知該如何溝通，但這都不代表他們是壞爸媽，而是顯示出為人父母的茫然與困惑。無力感和愧疚感會影響思考，家長一焦慮起來，就想要控制小孩的行為。所以兒科醫師時常聽到家長說：「告訴我，現在要怎麼做才能管好他。」

雖說《接觸點》的發展模型主要用於兒童和家庭診療，其框架卻能讓你我進一步反思，童年時期所遇到的混亂狀態，跟這輩子經歷的生活失序，兩者無有不同。這個模型也呼應了開放動態系統的基本原則：失序會提供成長與發展必要的能量。

與其尋求專家建議，不如一同度過難關

完美主義已然滲透現代文化，人人都期望自我或關係完美無瑕，越發無法接納混亂失序。試著用谷歌搜尋「完美主義」，會出現一堆相關的文章，標題大多類似「完美主義浪潮起，年輕世代遭吞沒殆盡」[11]，許多相關研究也都呼應了此一現象。心理學家休伊特（Paul Hewitt）與弗雷特（Gordon Flett）在九〇年代初發展一套測量完美主義的標準，稱為多面向完美主義量表（Multidimensional Perfectionism Scale），廣獲社會科學研究所用。[12]其中一項援用量表的研究顯示，一九八六年到二〇一六年間，英國、加拿大與美國學生的完美主義傾向增加百分之三十三[13]，該

研究的第一作者向《紐約時報》表示：「千禧世代要求自我完美，這些壓力部分來自社交媒體，他們習慣拿自己和別人比較。」[14] 教養專家赫黎（Katie Hurley）則以九歲的葛雷西來說明，何謂「完美女孩症候群」（perfect girl syndrome），「葛雷西安排好自己的一生，希望這輩子永遠不會出錯」。[15]

這個世代的人執著於追求完美，無形中痛苦不斷滋長，罹患心理疾病的人因此越來越多。完美主義量表的開發者經過數十年的研究發現，完美主義與焦慮、飲食障礙和其他情緒問題息息相關。[16]

如今，市面上充斥一堆工具書、雜誌和部落格貼文，專門提供建議或懶人包。仔細觀察點擊率最高的文章，標題不外乎是「六步打造完美婚姻」、「育兒十招：教你培養小孩韌性」，變相加深人們錯誤的期待，彷彿只要找對答案，一切就會迎刃而解。然而，許多人以為通往成功有既定的正確道路，凡事都期望專家提供步驟。這些心態只會深化原有的錯誤觀念，誤以為自己能躲過人際互動中不可避免的矛盾。事實上，那些標榜「實用訣竅」的書籍和文章，只會加深人們對完美的期盼，從而製造焦慮，破壞個體成長。其實，解決問題的方法不計其數，每一種都是專屬於雙方獨一無二的關係，換言之，答案就在你我之間。

某次，我們應邀對家醫及幼童領域的專業人士演講，會後討論時，大家不約而同印證一點：無論是兒科醫師、護理師、泌乳顧問、家訪者還是早期療育專家都覺得壓力很大，病患或案主經常要求他們提供具體步驟。不過，專家們都擔心，傳授專業的作法，會破壞家長既有的權威，導致他們無法和小孩一起克服難題，從而培養自己的信心。

社會上大部分的人都喜歡尋求建議，導致修復的過程變得簡化又沒深度。當然，單打獨鬥、孤軍奮戰並沒有好處。不過，要培養關係，就應該跟對方攜手努力，共度混亂時刻，一起體會被聽見、被接住的感覺，這比起任何「育兒錦囊」或「關係指南」更能有效提升自我的健康福祉。

在另一場育兒演講的會後問答中，媽媽們的壓力更是表露無遺。針對各種教養問題，每一個人都巴望著高德能給出「正解」。但是她並沒有如她們所願，反而不斷傾聽每個人的故事，鼓舞她們要相信自己，一定能找出對合適的解決辦法。高德醫生強調，為人母沒有不犯錯的，而唯有犯錯才能逐步地健全成長。

有一位媽媽很煩惱，因為三歲女兒老是在房間亂扔鞋子。她說：「我是不是該訂一些規矩？或者確認她是不是出了什麼問題？」高德跟這位母親一同梳理，在親子關係中有哪些不確定的狀況，並引導她學著接受未知的情況。假如她當場決定硬起來立規矩，女兒反而情緒崩潰，那她可能誤判女兒自我安撫的能力。因此，一發現女兒疲憊不堪、無法控制自己的情緒，媽媽就應該要提供安慰或展現涵容（containment）。表現關心之後，女孩還是一樣歇斯底里的話，媽媽應該就會明白，女兒現在需要接受嚴謹的規範。只要母女一起想辦法，共度失和到修復的歷程，感情就會更緊密；攜手走過難過，彼此的信任和信心也會更加深厚。

在溫尼考特的理論中，扶持環境（holding environment）用來指稱安全可靠的相處狀態。在扶持環境中，個體所有的經驗都可以被對方接納、涵容且理解。[17] 最初，溫尼考特用它來描述，母親不只隨時陪伴嬰兒，也會留意他的各種情緒。後來溫尼考特擴大解釋，用它來形容個體和群體形成的穩定關係。扶持環境是個有效的解套方案：只要我們感覺到自己在關係中被接住，就可以一步步解決問題，而不是逃避混亂或不合。如此一來，我們的焦慮就能緩解，不再急著尋求專家的意見。

為什麼我們會感受不到關係中的涵容？失和與修復是心靈的糧食，混亂是成長與連結的必經之路。但我們受到重重阻礙，無法走入隨機而不穩的關係。我們一再於許多個案中看到，脫序的成長歷程以及停滯不前的關係，都是因為案主對不確定性的事物感到不安。反之，個案獲得安全感後，便能敞開心房接納不合，迎接成長與療癒的契機。接下來我們將探討，身體和大腦有哪些跡象，可以用來判別自己能安然無恙地步入混亂狀態。

第3章
調好自律神經，相處起來才輕鬆

女兒芙蘿拉出生後，伊蓮娜的世界彷彿日漸瓦解。先是家裡的愛貓去當天使，婆婆接著被診斷出罹患癌症，所幸預後判斷不錯。在治療期間，伊蓮娜的先生山姆得奔波接送。他的生意本來就很忙，這下子勢必更焦慮，更抽不出時間。伊蓮娜還要煩惱，該怎麼跟三歲大的兒子馬泰奧解釋這一切。

妹妹出世後，馬泰奧的情緒就很煩躁。現在，一家大小要面對失去愛貓的哀慟、至親患病的無常以及隨之而來的混亂局面。最好的辦法就是假裝若無其事。但是馬泰奧越來越難搞，讓他待在房間也無濟於事，只會更頻繁發作。伊蓮娜知道，逃避沒有用，把煩人的事關在門後，也不會自動消失，那只是自欺欺人。幸好母親偶爾會來作陪、住上幾週，這時候伊蓮娜才能定下心去正視問題，採取行動修補生活的破口。

伊蓮娜決定延後半年再開始進修社工學位，這樣才有更多時間陪伴家人。馬泰奧也願意跟母親一起去上「媽咪與我」舞蹈課。幾堂課下來，伊蓮娜就發現兒子對肢體動作和音樂的興趣。事實證明，母親的陪伴是一劑強心針，不僅能安定伊蓮娜的心神，還驅使她去撫慰一家人紛亂煎熬的心情，一起走過那段複雜的過渡期。

不知為何，面對生命中必然的分離，我們總是拼命地想掩蓋內心的痛苦。也許我們在害怕，只要出現一道裂痕，一切就會分崩離析。所以我們需要平心靜氣，並相信自己有修補能力，即使身處的世界土崩瓦解，也能一磚一瓦重建自己的家園。

我們在第一章看到，劫後餘生的希爾達和卡爾總是小心翼翼，只想迴避任何痛苦的感受，對他們來說，這是生存的必要條件。他們得確保一切安然無事。他們的身體變得高度敏感，不斷在偵測周邊的威脅。一旦感知到危險，身體就會繞過大腦意識的控制，主動避免與人連結。換句話說，即使身體感知到威脅，大腦也可能判定是安全的。

身體會主動感知到威脅

現在，我們進一步來看，身體如何建構意義來判定環境是否安全。從某一項面無表情實驗中，研究人員發現，在大腦發展出不同區塊去掌握語彙、進行意識思考前，嬰兒就已經能建構意義、辨別身邊的威脅。我們在影片中觀察到，六個月大的男嬰已經能夠自行解讀母親的舉動。[1]在實驗當下，我們沒有察覺此一現象，直到後來以慢動作一格一格重播，才確定意義建構是人際互動的本質。

在影片中，媽媽先是彎腰磨了磨小寶寶的鼻子，說時遲那時快，寶寶用力揪住了媽媽一綹頭髮，痛得她大叫一聲然後瞬間起身，只見她神情微慍。男嬰對媽媽的表情感到驚訝、陌生，他的反應說明，媽媽的舉動別具意義。反射動作雖然不超過一秒，男嬰卻嚇到了，於是退縮了：舉起一雙小手遮住臉，身體微微轉向椅背，接著從雙手的縫隙看著媽媽。

男嬰無法透過語彙思考，但已經有能力判讀對方的行為與意圖，他相信即將發生危險的事，於是作出防禦動作以保護自己。媽媽當下意識到兒子受驚嚇，旋即賣力示好，極力緩和他的負面情緒。躲在小手後面的寶寶，沒多久就笑了出來。母子倆喜孜孜地重修舊好，威脅感消失，對自己與對方的感覺煥然一新。現在他們知道，不管是多麼嚴重的矛盾，雙方都能一起克服，即使是恐懼的經驗。

親子間有無數個失和與修復的時刻，這對母子經歷了其中一小段。正如前述章節所示，這些時刻就是孩子健全成長和發育的關鍵。面對突發況狀，影片中的男嬰運用大腦已發育的區塊來建構意義，包括自律神經系統。它是人體建構意義的第一道反應系統，在個體剛出生時就能發揮作用，評估周遭環境是否安全。

神經系統決定我們的人際關係

自律神經從腦幹及脊髓延伸而出，遍及身體每個部位，專門接收外部環境資訊，從而調整各種臟器的活動，而這整個過程都不受意識的覺察與掌控。自律神經系統又分為交感神經系統和副交感神經系統。只要身處險境，一定會出現「戰或逃反應」（flight-or-flight response），它是由交感神經系統主掌。一旦人體感知到危險，下視丘—腦垂腺—腎上腺軸（Hypothalamic-Pituitary-Adrenal Axis，以下簡稱HPA軸）就會揮發作用，分泌壓力荷爾蒙、自動連結運動系統，引發心跳加快、呼吸急促等生理現象。這個解釋淺顯易懂，但忽略了最重要的問題：人類如何感知與因應危險？

交感神經與副交感神經的特性相反，後者係以分支龐雜的迷走神經調節呼吸、心律以及血壓，具有鎮靜人體的作用。[2] 副交感神經的鎮靜作用能幫助個體促進人際連結，可是一旦面臨不堪負荷的生理威脅，副交感神經也會透過抑制作用斷開個體與他人、環境的連結。

美國印第安納大學神經學家波格斯（Stephen Porges）指出，身體也會根據經驗建構意義，從而影響心智與情緒的反應；它彷如一扇門，打開就能通往信任與連結，關上就哪裡也去不了。[3]

波格斯創造神經覺（neuroception）一詞，以描述人類的某種觀察力，它能偵測周遭環境是危險或安全。此前許多科學家認為，在人體與環境互動的過程中，神經系統只有兩種作用：感覺安全時，副交感神經較為活躍，會平靜地安於當下；感覺危險時，交感神經轉為亢奮狀態，進而啟動戰或逃反應。

不過，波格斯發現，神經系統還有第三種方式來應對環境，同樣由副交感神經系統主掌。經由迷走神經，副交感神經系統傳送兩組神經纖維到所有肌肉組織和器官。一組是腹側迷走分支（ventral vagal），波格斯稱為機智迷走神經（smart vagus），其軸突具有髓鞘可保護自己。機智迷走神經活躍時，你會與他人擁抱、交換眼神，也能夠傾聽、產生連結。這屬於第一個層次的反應，也就是社會連結（social engagement）。戰或逃則屬於第二個層次的反應。不過人類還有第三個層次的反應，由副交感神經系統的另一組背側迷走分支（dorsal vagal）主掌，其軸突不具髓鞘，波格斯稱之為原始迷走神經（primitive vagus）。面對威脅若無處可逃、對抗又無勝算時，原始迷走神經會變得活躍，進而接掌身體的反應，最經典的例子就是，老鼠被貓逮住時會裝死。原始迷走神經會讓人「陷入」鎮靜的狀態，拒絕跟外界有任何連結。

針對不同程度的威脅與外在環境，人體會作出這三種層次的反應，以建構意義。關於這一整套概念，波格斯將其命名為多元迷走神經理論（Polyvagal Theory），以說明副交感神經系統的兩組神經反應。有了它們，人類才得以評估環境是否安全以及如何因應。人類建立社會關係（social connection）的能力，全依靠多元迷走神經系統。

細微的表情變化會透露心情

機智與原始迷走神經就像指揮官一樣，控制臉部肌肉、中耳肌肉、喉頭與心臟活動。個體是否產生安全感，是否能發展社會連結，都取決於迷走神經的活動。波格斯寫道：「社會連結系統的作用，都呈現在心臟和臉部的聯結反應。它會控制臉部與頭部的肌肉，以調節心臟活動。」[4]

有句西方諺語叫「心臟黏在袖子上」，用來形容一個人容易流露情感，但如波格斯所示，從生物學的角度來看，正確的說法應該是「心臟黏在臉上」。從臉孔和聲音，我們就能判別是否可以和對方建立社會連結。前述的影片中也顯示，男嬰從媽媽的臉部表情和聲調判讀出危險的訊號，所以才會作出防禦反應。

除了《物種起源》，達爾文的另一本著作《人類與動物的情感表達》（*The Expression of the Emotions in Man and Animals*）也十分重要，可惜鮮為人知。他在書中描述道，唯有人類具備高度複雜的臉部肌肉系統。除此之外，人類還有繁複的發聲肌肉系統，可以調節說話的語調、口氣、韻律和節奏。擁有各式各樣的肌肉組織，我們才能透過臉部及聲音，觀察對方的自律神經狀態，確知互動是否安全，以及對方是否有意交流。基本上，我們所觀察到的外在表現，都是來自於其內在運作。

舉例來說，迷走神經可以控制眼部周圍的肌肉，也就是眼輪匝肌。在機智迷走神經的調節下，它們會呈現出迷人的表情，通常稱之為「眉開眼笑」。人若感知到威脅，原始迷走神經就會抑制肌肉活動，導致臉部表情僵硬無神。試試看，微笑的時候不牽動眼睛周圍的肌肉，會給人什麼感覺？那就是所謂的「皮笑肉不笑」，很容易被人識破，並帶來距離感。當你和皮笑肉不笑的人交流時，就算大腦沒有意識到，身體其實能感知到對方是在假笑。

此外，迷走神經也能調節細緻微小的中耳肌肉。機智迷走神經活躍時，聽覺就會特別好，不管是人聲、音樂或自然界的聲音，高低音都聽得清楚。反之，感知到威脅時，原始迷走神經轉趨亢奮，中耳肌肉的活動度就會下降，耳朵聽到的聲音就會失真。其實，時鐘滴滴答答沒完沒了，擾人程度不輸指甲刮過黑板的尖銳聲，但只要心平氣和，就不覺得很煩人。

從神經覺的角度看影片中男嬰的行為，就會發現，他並非有意識地「推敲」媽媽正在「生氣」，他還不懂得這些概念。可是，他透過自律神經系統建構意義，就知道媽媽的臉和聲音傳遞出危險的訊號。

孤單的人容易感覺身邊充滿威脅

察覺自己身處險境，交感神經就會變得亢奮，進而分泌源源不絕的壓力荷爾蒙，對心臟和身體組織造成不良影響。經歷危險時，交感神經不斷受到刺激，身體就會受傷，副交感神經會關閉，以中斷社會連結。你感到心痛難過，日子久了就會生病，甚至有生命危險。迷走神經會影響你的免疫系統、心跳率、血壓和內臟活動。由此可見，孤獨感（loneliness）把調節良好的社會連結系統搞得一塌糊塗，殺人於無形。研究顯示，孤獨不僅更容易罹患心臟疾病、關節炎和糖尿病，還會帶來精神上的折磨，提高自殺風險。[5]

社交孤立（social isolation）和孤獨不一樣，前者是從客觀的角度，衡量個體的社交連結與互動狀況；後者則是主觀的疏離感。有時你身處人群卻感覺孤獨，在社交場合中，看著周圍的人開懷大笑、逗弄打鬧，自己卻像格格不入的局外人。就算有他人的陪伴，仍舊孤獨到難以自抑。這種幽微的痛楚感，面無表情實驗中的嬰兒就體會到了，即使媽媽近在眼前，卻像消失不見一樣。

為什麼有人陪還會覺得孤單？那是因為這個環境帶來一種不安全感，而背後的理由形形色色。總之，在你的認知中，這環境充滿威脅。你摸不透，為何身邊的人相處起來都那麼融洽，隨時都能創造歡樂的氛圍。你覺得自己形單影隻，與誰也沒有交集。

之所以會產生這種反應，就是因為在你生命早期，鮮少有修復關係的經驗。有些人從小就習慣跟重要的親友走過失和與修復的過程，他們長大後，會覺得社交互動輕鬆且無害。然而，有些照顧者不會提供情感上的支持，難以容忍失和，甚至對孩子暴力相向。這些孩子沒有辦法用健康的角度看待社交互動，參與交流時會產生截然不同的反應。他們與人相處時，出於禮貌與常規，會按捺住逃走或爆發的衝動。但是，他們的神經覺會偵測到身邊有威脅，進而觸發原始迷走神經，開啟保護機制，斷開個體與周圍環境的聯結。這個反應全然脫離意識的掌控，當事人難以覺察，於是陷入惡性循環而不自知。他內心的傷口還沒癒合，卻無法汲取社交連結的養分來療癒自我。

哈利王子的蛻變之路

個體在建構意義時，會判斷身邊環境有威脅，是源於從小到大的互動經驗。要改變這些根深蒂固的意義，個體就必須付出時間，去參與令人安心的互動關係，縱使蛻變路途漫漫，影響卻是深刻久遠。

哈利王子總是帶著陽光般的笑容，說話的語調溫柔又充滿同情心。不難理解，為何梅根會對他一見鍾情。在結婚典禮上，他們不斷交換眼神，每一刻都寓意深遠。從他們的表情，旁人就能感受到愛與連結，足以作為機智迷走神經的研究範本。可是，看看任何一則跟皇室大婚有關的專題報導，從過去新聞影片去觀察哈利年輕時的樣子，都能發現，對哈利來說，長久以來，這個世界都不是個令人安放的地方。他的表情總有一絲受到威脅的感覺。

哈利父母的婚姻從一開始就不幸福也不美滿，身為次子的哈利更是被視為「備胎」，哥哥威廉還排在他前面等著繼承王位。在許多相片裡，哈利和母親黛安娜開懷大笑，想必她在孩子身上付出了所有的愛。遺憾的是，黛安娜與查爾斯王子離婚後一年多就因為車禍去世，當年哈利才十二歲。此後二十年的哈利彷彿變了一個人，拍照時只剩下一張麻木僵硬的臉龐。那時候的哈利簡直是麻煩精，不止酗酒還時常上演一堆脫序行為。

仔細觀察哈利的兒時照片，從他臉上的表情，就能完全看他出自律神經的狀態。有一張相片是小哈利和黛安娜去遊樂園玩，當時他坐在媽媽腿上，母子的臉龐綻放動人光彩，看得出對社會連結抱持著開放態度。哈利青春期之後的照片，已經不見眼睛周圍有肌肉動作的褶痕，既不似過去樂享天倫的模樣，也不像現在步入婚姻的他。當時他臉上顯露一種僵硬的鎮定表情，即使有時在笑，你也感受不到與人連結的暖意，或是豐富多變的情緒。顯然，過去哈利的身體為了回應充滿威脅的世界，啟動了原始迷走神經，幸好後來機智迷走神經打卡上班，發揮作用了。現在你去觀察訪談裡的哈利，語調充滿抑揚頓挫，彷彿在邀請觀眾進入他的故事。

哈利的轉變從何而來？他身為公眾人物，生命歷程一直被攤在陽光下。從他參與的一段段人際關係中，我們看到，它們幫助他走過混亂、擁抱複雜，進而形成生命的凝聚感。籌辦皇室婚禮想必充滿波折，但場面又那麼和諧。他遠赴非洲和當地孩童一起踢足球，用行動撫慰這些孩子，因為愛滋病奪走他們的父母。失恃的哈利從這些孩子身上看見自己的影子，那是痛失至親所產生的空虛感。

軍旅生活也是哈利生命歷程中不可或缺的一環。他為了成為「隊上的一份子」而自願到伊拉克服役，這個經驗給了他一個做自己的機會，用溫尼考特的話說就是「發掘真我」。興許是因為他不斷累積生命經驗，從而獲得足夠的生命凝聚感，讓他有勇氣去正視心中的喪母之痛。哈利曾公開承認，他覺得自己沒資格活出自己。雖然無法百分之百斷定，但是我們不禁想到，為了化解喪母之痛他所接受的心理治療，是否在某種程度上，讓他能安心地經歷失和與修復的過程。

二〇一七年四月，哈利王子接受《每日電訊報》記者高登（Bryony Gordon）採訪時表示，自己一直走不出年幼喪母的陰影，因此決定尋求心理治療的幫助。「我現在可以放心說出真心話，十二歲那年失去母親以來，我封閉所有情感二十年，這對我的私生活和工作造成劇烈的影響。」[6]

後來哈利和哥哥威廉跟大嫂凱特共同創立慈善組織「集思廣益」（Heads Together）[7]，旨在促進大眾對心理健康的認知，致力為精神衛生去汙名化。如同組織官網所述：「『集思廣益』想要幫助人們，更安心地去面對自己每一天的精神狀態，並且提供實際的資源，協助當事人的家人與朋友。」

有媒體報導，小倆口一同在非洲投入兒福工作時，展現了無比的默契，並善用公眾人物的名聲為世界做善事。這意味著，他們對彼此的愛是源於相同的理念，而這是能透過語言傳達的。許多人也提到，小倆口第一次約會時，哈利就開口問了梅根：「明天有空嗎？」我們不禁思考，他們的關係是不是建立在非語言的基礎上？也許，超脫語彙和意識思考的神經覺發揮至關重要的作用，偵測到他們為彼此帶來的安全感。

將高敏感轉化成特殊才能

受到童年經歷的影響，有些人會將世界視為危險的地方，如同哈利王子的成長過程。不過，與生俱來的特質也會左右人們詮釋世界的方式。每一個嬰兒對視覺、聽覺及各種感官體驗的反應都不盡相同。有些寶寶喜歡被抱著，有些則偏愛從自己的角度觀察世界，不習慣待在別人懷裡。有些寶寶聽見一點聲音就嚇得驚惶失措，有些卻照樣熟睡。有些寶寶視覺上一接受刺激，就會睜大雙眼、提高警覺，有些則是對人臉情有獨鍾。個性及言行有這麼大的差異，其實很正常。感官高度敏感的小孩比較容易感知到威脅，也比較沒有安全感。有的孩子在社交場合自得其樂，高敏感的孩子則會覺得：「好混亂，我理不清頭緒，必須離開這裡才行」。

許多人聽到低頻率的聲音會覺得倍受威脅，根據波格斯的說法，掠食者的低嚎是一種威脅，所以我們的祖先才發展出這種適應性反應（adaptive response）。有些小孩副交感神經有這項變異，便會對低頻非常敏感，這個反應有助於他保護自己並且鎮定神經系統。有些孩子喜歡把玩具排整齊，有些孩子能夠把各種恐龍的習性倒背如流，這些都是典型的自我安撫行為，以因應手足無措的狀態。對孩子來說，這些行為是適應環境的方法，但是看在大人眼裡就成了發展障礙的跡象，於是把孩子貼上特定的標籤，譬如自閉症。

許多家長習慣講自己孩子「不好養」、「發育慢」，這些都是因應環境所發展出的特質，其反應模式也都有跡可循。一九八〇年代，哈佛大學心理系教授史奈德門（Nancy Snidman）和凱根（Jerome Kagan）展開一項開創性縱貫研究[8]。透過嗅覺、視覺與聽覺等感官刺激，他們觀察一群四個月大嬰兒的知覺反應，並區分為高敏感與低敏感。現場有一位女性以三種音量發出三個無意義音節，看看嬰兒聽到會有什麼反應。根據嬰兒的身體動作，如拱背、擺手或踢腿，以及是否哭鬧，判定其敏感程度；高敏感的寶寶臉部常出現痛苦的表情。

研究人員持續追蹤受試者長達數年，取得各種行為和生理心理資料，總結後發現，從高敏感與低敏感的差異，就可以看出個體從學步期到青春期的氣質（temperament）變化。高敏感的嬰兒進入幼兒期後，多半不願面對新環境，進入學齡期後情緒上較為陰鬱、緊張，到了青春期則比同儕還要消極，對未來也更為焦慮。低敏感的嬰兒進入幼兒期後比較能融入環境，長大後較能率直表達情感，而且擅於交際。如此說來，個體的氣質也許端視於他如何從感官體驗建構意義。家長若無法理解孩子的行為，在失和與修復的過程中，親子關係就會脫離正軌。

說說亨利的故事。在他出生的那刻起，父母愛麗絲和布魯斯就知道他對聲音極其敏感。亨利小時候，愛麗絲就發現，帶他出門的話，車上一定要重複播放同一首輕快的流行兒歌，這樣兒子才能全程保持平靜。即使歌曲只是暫停一下下，亨利也會發狂似地尖叫，一聽到音樂就又馬上恢復正常。等到進入學步期，亨利便不再執著於同一首兒歌，但又有新狀況。某年美國獨立日慶祝活動上，先生布魯斯帶著女兒艾瑪在觀賞國慶煙火，兩歲的亨利卻開始放聲尖叫，愛麗絲不得不抱著哈利回車上，直到車門、車窗完全關上，煙火的聲音變小了，亨利才不再歇斯底里地慘叫。

亨利到了三歲開始就讀學前班，但也不跟其他小孩玩，反而喜歡自己跑來跑去繞圈圈，還時不時在學校上演崩潰失控的戲碼，不過這對愛麗絲夫妻來說已經是家常便飯。後來班上的老師建議他們帶亨利去做泛自閉症障礙（Autism Spectrum Disorder）評估。

以面無表情的相關理論來看，這個狀況我們可以解讀為，亨利的身體系統難以適應環境。他過於敏感，因此無法藉由社會連結建構生活的意義。相較於安逸型氣質（easy temperament）的小孩，當下的環境與過往的生活經驗不合時，亨利會產生格外激烈的反應，家長、師長和親友得花費更大力氣，才能幫助他平靜下來。

後來在父母的幫助下，亨利開始運用敏銳的聽覺反應，踏上音樂之路，成為雙簧管演奏家。以亨利的情況來說，聽覺太敏感，正代表他有音樂才華。他有絕對音感，能夠辨別任何一個音符，這樣他的敏感問題就自然有解法了。

他以前對特定的聲音很敏感，又還不會說話，只能用崩潰暴走來表達自己無所適從的感受。他的神經覺一判定某些聲音具有威脅，就會把心門緊閉，所以他就無法從社交互動中建構意義。唯有浸淫在音樂中，亨利才能澈底活出自己。

波格斯指出，唱歌和演奏管樂器會改變中耳的構造和功能。[9]吹奏管樂器時會運用到中耳肌肉，讓身體得到放鬆，就不再視低頻聲音為威脅。類似的調節活動包括有意識地緩慢深呼吸，這就是波格斯說的「神經運動」（neural exercise）。這兩種活動都能啟動機智迷走神經，讓人打開心胸去產生連結。

慶幸的是，亨利與生俱來的創造力，給他機會建構嶄新的意義。他以前沒什麼朋友，不過上大學之後，每週花好幾個小時跟管弦樂團一起練習。這是亨利頭一次感覺到，在社交關係中也能很自在，尤其是吹奏雙簧管的律動，能夠舒緩他的自律神經。社交連結的大門敞開後，亨利慢慢和音樂夥伴建立堅實的友誼，從而拓展自己的社交圈。

適時地讓孩子發洩情緒，有助於他包容自己的混亂狀態

亨利的神經系統會把特定種類的聲音解讀為危險訊號，所以外界環境一有細微變動，他都極其敏感。一旦個體的感覺訊息處理（sensory processing）出現變異，對視覺、觸覺以及身體移動時產生異常反應，導致身體系統與社交環境長期失和，個體就會建構出扭曲的意義。因此，極端敏感的人必須加倍努力，才能調和身體與環境的衝突。更複雜的是，家長在互動過程中會不自覺代入童年的經歷，將當時建構的意義套在孩子身上，進而影響孩子詮釋世界的方式。舉例來說，有些雙親童年時期缺乏修復經驗，就會將小孩尖叫失控的行為視為威脅。

布魯斯夫婦必須投入更多心力，陪伴在亨利身邊，才能幫助兒子對經驗建構新的意義。他們從原生家庭的教養模式中找到靈感，給予孩子充滿愛的生長環境。亨利出生後，愛麗絲認識了一群媽媽伴，每週她們都會一起去喝咖啡。布魯斯則是拾回彈鋼琴的興趣，和朋友組了一個爵士四重奏，每週末都會出去表演。在亨利父母的生命歷程中，有許多人提供傾聽與支持，並形成他們的力量，足以引導亨利學會與身體的情緒共處。

二〇〇七年，三位臨床心理專家為了協助家長培養健全的親子關係，提出安全圈介入計畫（Circle of Security Intervention Program）[10]。透過家長、治療師與訓練師熟知的《大白鯊》電影配樂，實驗人員想證明，個體所感受到的威脅，都源於過去的痛苦經歷。藉此我們了解到，家長以前所經歷的親密關係，會影響到他們在日常中與孩子的互動方式。

在實驗一開始時，實驗者會先播放一段三十五秒的影片，受試者會看到夕陽餘暉照映整片大海，背景音樂則是輕柔悅耳的鋼琴聲。第一段影片結束後，研究者會請受試者再看一次同一部影片，畫面依舊不變，只不過這次的背景音樂是威廉斯（John Williams）為電影《大白鯊》創作的主題配樂。

《大白鯊》電影開場時，觀眾只看到一大片靛藍的海水，耳邊卻傳來毛骨悚然的主題配樂，想必這是威廉斯精心安排的配置。然而，觀眾的恐慌感並非經由意識思考而產生，那來自於大腦的最外層皮質。特定皮質區接收到的感覺，以及自律神經的反應作用，才使得觀眾膽戰心驚。他們會害怕，不是因為想到「這是恐怖電影的配樂」，而是源於音樂本身的律動。

換言之，無需透過語言或思考，我們就能感知威脅。在實驗中，《大白鯊》配樂象徵孩子某些行為對家長帶來的威脅感，而後者對自己過去經歷所建構的意義，不在意識覺察之內，也無法用語言描述。

同樣是「鯊魚」音樂，紅遍大街小巷的兒歌《鯊魚寶寶》曲調卻充滿有趣的轉折；創作者賦予樂曲嶄新的意義。[11]《鯊魚寶寶》的前奏類似於《大白鯊》，給人一種緊張感，不過歌曲一下子就進入輕快的副歌，響起引人入勝的旋律。歌詞先提到，鯊魚家族一個個外出捕食（象徵大環境既有的威脅），後面歌詞才出現「通通安全回家，嘟—嘟—嘟—嘟—嘟—嘟—」，以此呼應旋律由緊張到放鬆的轉折。對大人來說，這首兒歌紅得很莫名其妙，但是對小孩來說，它之所以迷人，也許是因為呼應了他們經歷到的威脅與安全感。

在教養過程中，父母一感覺到威脅，身體就會無意識地繞過交感神經反應。父母出於直覺，會保護小孩免於被傷害，也不會拋棄他們，所以不會選擇戰鬥或逃跑。這時候原始迷走神經就會出馬接管身體的反應，不再接收訊號，所以父母會不自覺對小孩板著一張臉，而小孩也會反過來將其面無表情視為威脅。

拿理查與妮瑪這對夫妻來說，前者在威權管教的環境下成長，後者則是受到過分溺愛。他們期許自己在教養過程中，可以樹立明確的規範與界線，以避免重蹈父母的覆轍，對小孩過分溺愛或嚴厲。他們相當尊重兩歲的歐文，從來不會刻意模仿小孩的口氣跟他說話。這樣的育兒方式一直沒什麼問題，直到那天以後，一切都走樣了。

某天，理查告訴歐文該出門了，但兒子絲毫不理，只顧著玩生日收到的樂高積木組。父子倆頓時陷入對峙，歐文躺在地上一邊亂踢一邊尖叫，理查試著拉他起來，歐文仍舊一陣拳打腳踢。此時，理查用力地抱住兒子，堅定且溫和地告訴他，這樣會傷到別人和自己。

此後歐文每天至少都會發脾氣六次。無論是提醒他不要亂丟食物或是睡覺時間到了，好像不管說什麼，歐文都會失控爆氣。歐文一癱在地上大吵大鬧，理查和妮瑪都會把他拉起來、抱住他，明確地告訴他停止這些舉動。某天，妮瑪表明，吃完晚餐才可以吃餅乾，歐文便索性將碗盤都丟到地上，搞得一片狼籍，而這也成為壓垮理查夫婦的最後一根稻草。他們不禁想，當初那個可愛聽話的小歐文去了哪裡？

理查對兒子突如其來的轉變毫無頭緒，直到他和妮瑪去尋求諮商，才發現他在歐文身上看到自己的影子。理查從小就很常惹麻煩，因此一直是家長和老師眼中的「問題兒童」。在幼稚園時，他就很常毆打同學，搞得老師不時請家長來接他回去。

理查的父親用十分羞辱人的方式教訓他，比如當眾脫掉理查褲子打屁股；這種情況持續了好多年。

小孩子發脾氣是正常、健全的反應。他們在一歲時，還能感覺到自己無所不能，慢慢長大後才發現，自己很多事都做不到，就會感到氣餒而亂發脾氣。但是受到童年經歷所影響，理查看到孩子失控，自己會有恐懼與受辱的感覺。歐文的行為是典型的成長適應問題，理查卻解讀為威脅，而這些負面意義正是根植於他幼時的遭遇。理查沒有去了解兒子為何發脾氣，也不順其自然地讓他發洩情緒。他只是一味制止，不准歐文有過度反應，這等於是剝奪兒子宣洩挫敗感的正常管道。只要歐文開始發脾氣，理查的身體就會關閉社會連結系統，導致父子無法順暢交流。

妮瑪對於兒子的行為有截然不同的感受。她有三個兄弟姐妹，從小時候就沒有受到嚴厲的管束。面對歐文的暴走行為，妮瑪感到不知所措。實際上，歐文一直是孤軍奮戰，因為沒有大人能教他如何化解排山倒海而來的情緒。在這個發展階段，孩子本來就會起伏不定，所以理查和妮瑪必須放手，讓歐文表現兩歲小孩該有的模樣，不該壓抑他的情緒表達。

理查在行為上會有解離性反應，他的臉部肌肉也有。面對暴走的兒子，理查的身體聯結到羞恥、恐懼與痛苦的回憶，在諸般壓力下，機智迷走神經無法調節臉部肌肉，轉而由原始迷走神經主導反應。因此，理查才會板著一張木然的臉，即便當下是兒子最無助、失控的時刻。縱使理查就在歐文身邊，他的表情和聲音卻絲毫不帶感情，而這些反應都是自發且不受意識所控制。但在那個當下，歐文需要理查接受他的情緒並妥善約束他的行為；有時家長應該任由孩子澈底大鬧一場。歐文不懂得用語言表達情感，只能用發脾氣來溝通，可是理查卻無視他自然流露的情感，禁止他發脾氣，這樣無疑是摀住孩子的嘴巴，不讓他說話。其實歐文種種失控的行為，都代表著兩歲的他努力嘗試和爸媽溝通。

歐文長期缺乏父親的情感支持，總是對內心紛雜的情緒感到不安。理查若要給予歐文安全感就必須建構新的意義，不再將兒子的行為視為威脅。理查可以透過語言和思考來建構新意義，並且向心理師敘述自己的童年經歷，進而反思，過往的人生是如何阻礙了他和歐文的關係。

然而，刻在理查身體裡的意義，以及自律神經根深蒂固的反應，光是用語言和思考並不足以改變。而且，年僅兩歲的歐文也在運用自律神經系統建構意義，他自己也無法接受混雜紛亂的情緒。

後來理查和歐文一起去上親子武術班，才學會用不同的「語言」和內心龐雜的情緒安然共處。在武術動作的套路下，父子倆一起體驗失和與修復，更以此作為新方法，來反應彼此的溝通問題。現在理查懂得讓歐文去發脾氣，而不是一味抑制、扼殺孩子表達的欲望。歐文也越來越少發脾氣，就算生氣了也不會鬧得一發不可收拾。

在安全、涵容的心理治療環境中，理查才有機會表達自身的遭遇。此外，身體不再隨意啟動原始迷走神經，他才能正視內心的混亂，妥善回應兒子的行為。當歐文開始發脾氣、正常表達身為孩子的無助感時，理查就能透過不同的臉部表情展現同理心，為歐文提供棲身的避風港。

長久以來，理查父子不斷在起衝突，卻沒有機會修補裂痕，直到他們願意接受起起伏伏的互動過程，並藉由心理治療和武術課程體驗失和與修復，才總算踏上療癒的旅途。親眼看到父子倆有正向的轉變，妮瑪才了解到，訂定規矩確實有其用處，但最有效的方式，還是她和理查用愛陪伴孩子並給他安全感。這家人的關係越來越緊密，對彼此的信任與日俱增。當歐文內心又出現紛雜的情緒時，便學會調適，不會動不動就崩潰失控到不能自己。

父母會把自己的童年經驗投射到孩子身上

「氣質」類似於瞳孔顏色，也有人說那是具體的先天特徵，精神醫學也影響了大眾看法，有些人會判定，自閉症是個體與生俱來、不可改變的問題。這點我們在後續章節會有進一步討論，那時你會發現，個體的知覺（perception）其實是不斷來回變動，隨著關係發展與建構的意義，時而有安全感、時而受到威脅。

兒童的感覺訊息處理出現變異，是屬於先天特徵，所以才會與人失和並進而修復，而個體的生命歷程屬於後天經驗，關乎他如何詮釋環境與關係是否安全。然而單憑先天特徵或後天經驗都不足以決定個體所建構的意義，兩者必須經過錯綜複雜的方式相互作用，才會形塑出個體獨一無二的世界觀。

每個個體都帶有某些先天特徵，成為爸媽後，就會在新身分中代入往日的生命經驗，與孩子朝夕相處就會產生後天經驗；先天與後天因素便交織在一起。換句話說，個體的生命歷程與家人緊密相連，在時時刻刻的互動中，成長的進程就會受到影響。舉例來說，自律神經系統有變異，小孩就會無力招架各式各樣的感官輸入，身體為了保護自己，就會觸發原始迷走神經接管主導權。研究發現，自閉兒的表情變化越少，照顧者的壓力就會變大。他無法了解孩子的感受，溝通也容易產生誤會，在長期惡性循環下，導致親子關係疏離。

發揮創意在溝通時安定自己的情緒

在最近一場演講中，有位媽媽跟我們分享，小孩不聽話時，她如何改變策略、調適自我。這位媽媽的兩個兒子年紀還小，習慣鞋子脫了就隨便亂放。她每次都要苦口婆心，一講再講。後來她改用新方法，講兩次以上還是不聽的話，就改用聲樂唱出自己的要求。這個有趣的做法不僅化解了母子對峙的氛圍，媽媽也藉此調整身心律動，有效鎮定自律神經系統。波格斯指出：「唱歌的時候，必須一邊吐氣放慢節奏，一邊調節臉部和頭部肌肉，才能以聲樂的方式唱歌。吐氣過程放慢，機智迷走神經到心臟的路程就會變長，自律神經狀態就會緩和下來。」[12]看到媽媽的反應，原先抵死不從的兒子在訝異之下，反而沒有失控暴走，母子便在這個有趣的互動下彼此連結。這個足智多謀的媽媽不只學會和心中的煩雜共處，也學會陪在孩子身邊，引導他們調節情感。

回頭再看兒子拉媽媽頭髮的影片，你會發覺，在互動過程中彼此都扮演了重要的角色。媽媽做出反應後，寶寶一開始感覺到威脅，所以選擇抽離；媽媽在意識到自己嚇著孩子後，則是極力哄他。此時，彷彿是寶寶對媽媽進行面無表情實驗。在幾毫秒之內，母子倆又克服失和，找回重新連結的喜悅。

無論是拉扯媽媽頭髮的男嬰，抑或是唱歌劇的媽媽，我們從中都看到，個體若能自我調節情緒和行為，關係就有機會更上一層樓。想要更深入自己的內心，並拉近自我和他人的距離，都要先從無時無刻的互動開始。我們在後續章節會看到，人與人彼此交換意義、目標、意圖與成就，就能共創意義，這就是最強而有力的神經運動。了解嬰兒和照顧者如何共同經歷這個過程，就能幫助我們探索長大後面對的各種關係。

第4章

生活大部分的煩惱，都是人際關係問題

美國劇作家桑坦（Stephen Sondheim）以音樂劇《夥伴們》（*Company*）的主人公鮑比及五對夫妻為對比，巧妙刻畫出人際關係的雜亂無章。故事中，單身男子鮑比參加五對夫婦為他舉辦的慶生會，席間每個人都在傳達婚姻的酸甜苦辣，冷眼旁觀的鮑比則暗自認定，結婚後一定會不幸福。後來鮑比邂逅三個各有優缺點的女人，卻仍舊無法定下來，她們便一個個離他而去。直到最後鮑比才明白自己錯過了什麼，並開口唱出經典主題曲《活著》（*Being Alive*），歌頌與人相處的愛恨紛爭，那才是真正活著。世間不存在完美的關係，如果你能釋懷，就能敞開心房擁抱親密感。只要你能接受相處時本有的混亂矛盾，就能創造自處以及共存的空間，切身融入世界，與他人共創意義和連結。

要敞開雙臂迎接親密關係，你必須擁有健全的自體感，才能自我調節。首先要釐清，自我控制（self-control）和自我調節迥然不同。前者是一種社會需求，人人都得駕馭自己的強烈情感，但聽起來格外不近人情；後者是一種能力，我們投入社交世界體驗各種情感和慾望時，得靠它來把持自我。面對至親離世，我們必然會承受錐心之痛，但還不會崩潰到無法維持基本的生活機能。同樣的，在健康的人際關係中，一定會對彼此生氣，如果任由氣憤演變暴怒，那關係就可能無可挽回、令人失去自我和伴侶。

再者，即使是開心、興奮的時候，也必須張弛有度，才不會迷失自我。性就是最明顯的例子，就算獨自一人也能享受深層的性福。其實，不管是兒童在幻想世界裡盡情嬉戲，還是成人在漆黑影院中觀賞電影，都是在進行自我的深度對話，這種合而為一的經驗，會促使個體產生深刻的幸福感。

每個人的自體開始成形，都是起自於從嬰幼兒時期的親子互動。縱使你不曾在早期親密關係中走過失和與修復，以致於缺乏親密感和自我依賴（self-reliance），藉由新的人際交流，你也能學習汲取互動的能量並改變自體的生活觀。在美國紀錄片《來跳吧！》（*Alive and Kicking*）中，一群孤獨迷茫的人們踏入搖擺舞的世界。一開始他們不斷踩到舞伴、爭吵不休，最後雖然輸掉比賽，卻仍舊並肩前行。這部片證明了，加入新的群體，同病相憐的人就能找到歸屬，在自我調節與溝通分享的過程中獲得成就感。此外，舞蹈動作和舞曲旋律也有助於穩定身體狀態。換句話說，他們在舞蹈中找到的調節力，既來自與舞伴的互相配合，也源於動作本身。

父母平心靜氣地陪玩，有助於小孩發展韌性與親密感，可惜這種有品質的陪伴來之不易。家長通常一天工作好幾個小時，下班回家早已是筋疲力盡，只會覺得，小孩為什麼都挑晚餐時間吵著要玩。現在讓我們來看西蒙和蘿拉這對母女的故事。

西蒙白天在公司面對失調的職場環境，回到家時心力交瘁，蘿拉還堅持要一起玩扮家家酒，西蒙的大腦就快不堪負荷了。要是女兒的需求沒有被滿足，她就會失控爆氣，毀掉難得的休息時間，如此一來，母女倆都得不償失。

起初西蒙認為，蘿拉到了晚上就鬧脾氣是故意跟他作對。只要西蒙沒有馬上搞清楚女兒的需求，她就會亂丟玩具，把客廳弄得亂七八糟，目的就是要引起西蒙注意，逼她一起來玩扮家家酒。要是媽媽仍舊不理不睬，蘿拉就會變本加厲毀了客廳，這時西蒙就會咆哮大吼，要蘿拉先收好玩具才能玩別的東西。怨懟與挫敗感成為失和的溫床，但母女都沒有掌握修復的契機，隔閡也越來越深。

不過，每當西蒙退一步去思考蘿拉的行為，就會想通，其實女兒想跟她一起玩。

也許蘿拉再也按捺不住內心積累的情緒，才會每每到了晚上，就大鬧特鬧。「媽媽明明近在眼前，卻是如此遙不可及」，這股失望與沉重感令蘿拉無以負荷。

後來西蒙靈機一動，想辦法化解了日常的親子衝突。她讓蘿拉坐在自己大腿上，兩人一起在塗鴉本上著色。西蒙發現，這樣不僅能和女兒交流，彼此也可以沉澱下來，既有獨處的快樂，又能相互依賴。

獨處的能力來自與他人相處的經驗

克萊兒有一女一兒，分別是瑞秋和艾茲拉，這個暑假他們各自和交往對象出去玩了。近來克萊兒察覺到自己的心境有了前所未有的轉變。她的思緒飄回十幾年前的某個清晨：那天，克萊兒黎明時分就起床了，她坐在沙發上一邊喝咖啡，一邊盯著搖籃裡熟睡的艾茲拉，三歲大的瑞秋則在一旁和洋娃娃開茶會。母子女三人在同一個空間裡各做各的，相安無事。

從那天清晨到如今這個夏天，一家大小可是走過大大小小的日常難關。她和先生傑德有次對孩子爽約，錯失了親子歡樂時光，讓孩子失望透頂。孩子放棄就讀頂大，家裡也吵得烏煙瘴氣；前陣子公公過世更是令全家人傷心欲絕。克萊兒知道未來還有很長的路要走，不過這絲毫無損心中油然而生的欣喜慰藉。她明白這些日常的混戰都是養分，有助孩子形成堅實的自體去面對這個世界，建立與他人的親密關係。

安然自處和親密能力密不可分，個體的自處能力來自於和他人相處的經驗，親密能力則根植於自處能力。

盲目追求完美的契合，隨時準備好要和他人互動，都算是一種壓力，好比家長必須一直陪孩子玩，朋友或伴侶必須時時出意見、為對方排憂解難。在兒童發展領域，傳接球遊戲（serve and return）是指嬰兒和照顧者交流時就像來回擊球一樣：透過眼神接觸、臉部表情和肢體動作，嬰兒釋出互動訊號，照顧者則以說話或嘻笑作為回應。這模式恰恰反映出，在無時無刻的互動下，感情才會萌芽、發展。不過在人生這場球賽中，不是每顆打出去的球都會回到你手上。為了要安於這副皮囊，我們還需要有自己的空間去化解自身生命的難題。

事實證明，自處能力就是嬰幼兒的發展里程碑。克萊兒生了孩子以後，沒日沒夜地照顧他們，整副心思都放在孩子身上。年復一年，孩子漸漸長大，克萊兒開始「失敗」，無法滿足孩子的所有需求，他們也因而培養出安然自處的能力。隨著時間推移，克萊兒再也不必時時刻刻和孩子交流、保持連結，他們知道，媽媽一直都會在身邊。即使克萊兒最終得留在家中，他們也有自信到外面的世界闖蕩。

除了「夠好的母親」，溫尼考特還提出一個鮮為人知卻同樣重要的觀念：獨立自處的能力就是個體成長的里程碑。從事精神分析治療時，他發現，成人患者一開始進入療程會害怕尷尬或排斥沉默，隨著療程有進展，患者才逐漸發展出嶄新健全的自體，便不會再把沉默當作威脅，反而會感到心平氣和。[1]此時，患者既能與治療師和諧共處，也能和內心的自我安然共存。

長期傾聽患者的故事，溫尼考特最後意識到，安然自處的能力始發於早期的親子關係。溫尼考特提到：「自處與共處是相輔相成的兩種能力。前者來自於和某人相處時的獨有經驗，沒有這段經歷，個體就無法培養自處的能力。」他接著補充道：「接受夠好的母親養育，在良性環境下建立自體信念，才能發展出完備且成熟的自處能力。」

一如第二章所述，良性環境是指，個體不斷經歷失和與修復的完整過程。父母總會作錯事，而孩子一直在消化這些失和經驗，並設法自行滿足需求，從而培養對自我的信心以及對他人的信賴。這些親子互動的經驗會內化為孩子的性格，讓他們找到生存與生活的方式，即使獨自一人踏出舒適圈，內心依然堅強而有韌性。

冷漠和逃避只會讓問題更嚴重

在社交環境中，調節情感與行為的能力對個體的身心健康非常重要。從面無表情相關研究我們發現，自我調節的能力存在於互動關係中，因此親密感和自我依賴是一體兩面。這段結論不僅呼應了溫尼考特所提出的「夠好的母親」，更印證了他另一項臨床觀察：自處能力就是成長的里程碑。

我們分析遊戲互動和實驗的影片，結果發現，受試者表現會有所不同，關鍵在於是否經歷過失和與修復。[2]嬰兒若有類似的經驗，在進入到面無表情環節時，就能夠自我調節。就算母親無法搭建鷹架（scaffolding）[3]，徒留嬰兒獨自面對壓力，他們也能調適得很好，自己發明動作和行為來釋出訊息：「母親回應我了！」

反之，經歷非典型互動的受試者則表現出截然不同的反應。這些母嬰沒有走過失和與修復的過程，因此缺少成長的動力；可能是因為修復時間拖得太長、照顧者過於焦慮、強勢，或是毫無修復機會。到了面無表情的環節，這些嬰兒習慣以自我安撫的方式來化解壓力：拱背向後轉，行為舉止紊亂。這些舉動有助於嬰兒適應環境壓力，然而光是自我調節，就耗盡了所有力氣，在自顧不暇的情況下，根本無法展開互動。這些嬰兒為了自我調適，放棄了整個世界。他們轉向內在尋求平靜，竭盡所能來維繫自我的存在，對於重新連結，已然是心無餘且力不足了。

在失和與修復的過程中，嬰兒得以發展自體感，還會對自己和照顧者的關係產生信心。即使短暫失去互動夥伴，在面無表情實驗中得體驗一些自處的感覺，他們也能夠把持自我，不致崩潰。他們深信媽媽會回來，而且自己能撐下去，一切都會沒事。反觀，缺乏失和與修復經歷的嬰兒，自體相當單薄，一旦少了搭建鷹架的互動夥伴，就無法維持生命凝聚感；他們「知道」自己身旁不能沒人陪伴。這些嬰兒不是大哭大鬧，就是縮回自己的殼裡，自顧自地自我安撫，即使母親釋出互動的訊息，他們也無動於衷。

不光是嬰兒，所有年齡層的個體都展現出這種差異。伴侶治療師強森（Sue Johnson）發現，她在臨床上遇到的成年個案，許多面向都符合面無表情研究的觀點，因此特別請我們針對成年伴侶設計一項面無表情實驗。[4] 這次的實驗與先前的成人版稍有不同，受試者將扮演伴侶而非嬰兒和媽媽。他們一開始有被交代各自的任務，不過進入實驗後，就要靠自己臨場發揮。

影片中一對情侶面對面坐著，兩個人吵得不可開交。男人說：「我不想去見妳家的人，他們又不喜歡我，我在不在根本沒差。」談到一半男人突然不發一語，板著一張臉，絲毫不想和女人交流；接著他的身體轉向其他地方，眼睛朝下盯著地板，反覆眨眼甚至數度閉上雙眼。此時女人就像面無表情影片裡的嬰兒一樣手足無措，語調逐漸上揚，憤怒情緒表露無遺。她的身體傾向前，靠近男人，肢體動作顯得十分僵硬、紊亂。女人不斷嘗試展開對話卻一再吃閉門羹，最後急得哭了出來，男人嚇得轉過身，臉上恢復神情，語調也溫和許多。「我知道妳很難過，可是問題不在妳身上。」他說，每次她家人都會對他的工作問東問西，讓他很不舒服。他還說，情侶之間保持溝通很重要。此時女人抬頭凝視男人，兩人眼神交會，表情也隨著關係復原變得柔和。

強森在部落格寫道：

無論是寶寶對媽咪、還是伴侶或夫妻，兩種親密關係的情感表現都是一樣的，彼此的需求和舉動並無二致。所有情愛關係都是連結與分離的雙人舞——前進是觸碰、後退是被拒、轉身是抗議更是崩潰。假如我們懂得應對進退的訣竅，便掌握了重修舊好的契機。

強森更發現，在日常生活中，伴侶往往沒有察覺到對方板著一張撲克臉，也不留意那會造成什麼影響：

在伴侶關係的研究中，我們發現，成年人談感情的時候，渾然不知冷漠會造成另一半的不安；那種不得其門而入、觸不可及的感受，令人痛苦不堪。為了避免爭執，我們往往選擇逃避，反而使得衝突白熱化，對方為了得到回應，甚至會做出喪心病狂的舉動。

時時保持覺察，留心自己和另一半是不是又板著一張臉，並反思這個行為的負面影響，就能幫助我們走上關係療癒的道路。陷入情緒的漩渦，就無法與他人有連結，對方也會覺得熱臉貼冷屁股，彼此便會陷入誤解和溝通不良的惡性循環。就在這種時候，越要停下來深呼吸，想辦法沉澱內心、冷靜思考，設身處地考慮對方的立場，就能找到關係的出路，重拾連結。

觀照內在小孩

愛默上小學後，父母的婚姻開始出現裂痕。父親隨時會因為母親無心插柳的一句話大發雷霆，接著便是一頓咒罵，然後頭也不回地離開房間。儘管母親還是陪在愛默身邊，她的心卻像死了一樣，愛默絲毫感受不到母親的存在。父母的缺席讓愛默茫然無措，這個世界對他來說再無任何意義。家人難免有紛爭，但總是會設法化解，但愛默一家長期失和，不見修復的跡象。父母通常都在夜裡發生口角，隔天一早愛默準備好去上學時，他們又像沒事一樣恢復正常。只有這個時候愛默才會暫時感覺平靜。

這段婚姻終究是以離婚收場，那些動不動就失控爆氣、猙獰駭人的對峙場面總算徹底終結了。愛默漸漸長大成人，日子多少還算過得去。他在大學畢業後找到一份好工作，不久後也和伴侶里昂步入婚姻。某天晚上，愛默結束一整天累人的工作回到家，想和先生分享一件重要的事，不過對方卻分心在查電子郵件。頓時愛默心中燃起一把無名火，衝著里昂發了好大一頓脾氣，然後就甩門走人。此後，只要里昂犯下類似的無心之過，都會擦槍走火，引發愛默激烈的反應。

小時候一再錯失建構意義的機會，導致愛默的自體感斷斷續續地消失。在那些輾轉難眠的夜裡，小愛默總是醒著躺在床上，聽著父母爭吵。長時間下來，他的大腦和身體累積了壓力荷爾蒙皮質醇，未經修復的失和體驗不斷重現，進而改變了身體對壓力的反應機制。里昂心不在焉的舉止，誘發出愛默童年的失落感，他聯想到當年深陷苦海的父母，既無心也無力跟孩子培養感情。愛默對里昂的反應並非出於意識思考，而是生理狀態的表徵。

那天晚上這樣負氣離家，其實對事情沒有幫助，不過愛默多年來有運動習慣，知道身體需要動一動才能重新面對里昂。果不其然，愛默一路走到街尾後，便感覺心跳和緩了，呼吸也變規律。這段走路的時間讓他想通，與家人爭吵不是大災難，也不代表自己不被愛。愛默再次掌握身體的感覺，走回家後，就和里昂坦白這次暴走的原因。

里昂與愛默的雙親不同，他沒有任由傷口惡化，而是正面回應衝突。他非常清楚，這個問題不能貿然處理，他有耐心，願意給丈夫時間和空間去沉澱。里昂知道愛默氣的人不是自己。面對丈夫小題大作的反應，里昂沒有惱怒，而是換個方式消化自己的情緒。他放了自己最愛的專輯來聽，澈底浸淫在音樂的氛圍中，等到愛默回家後，里昂認真傾聽他的心聲，接受他的道歉。里昂意識到，以後要更積極觀照丈夫的感受，認真傾聽他分享生活的大小事。只要兩人互相配合，就能化解婚姻生活的矛盾與紛爭。

透過走路這項活動，愛默找回身體的感覺。在這段截然不同的關係中，他找到方法修補裂痕，化解婚姻生活中無可避免的衝突。愛默的自體感越來越完整，他和里昂的關係也更加緊密交織。里昂相信，愛默總會回頭、兩人能重歸於好，所以他願意等待。另一方面，愛默也學會放下失愛的恐懼。

其實，愛默和里昂爭吵與復合的過程，會有各種不同的可能發展。假如里昂有類似的童年遭遇，或許就能在當下對愛默的失落感同身受，也會明白，這是童年創傷的反噬。丈夫將心比心的表現，能幫助愛默冷靜下來，打消衝出家門的念頭。

不過，要是里昂覺得丈夫無理取鬧，一點小事也要發脾氣，那雙方爭吵就會越演越烈。這樣的話，兩個人就需要重新調整相處模式，摸索新的方法來恢復連結。其實，不管衝突怎樣發展，現實中的結局應該都很理想。關鍵在於，爭吵時適時喊卡，停頓一下，就會有空間安撫彼此。正如在嬰兒時期，我們就會和照顧者交流，以此來建立強韌的關係。

要化解失和、修復關係，方法有很多種，沒有絕對的模式。有時，簡單幾次深呼吸就能創造足夠的空間和時間來傾聽對方的心聲；走路和聽音樂也不失為自我安撫的好方法。只要適當地自我調適，就能卸下武裝，側耳傾聽。

相互調節、共創意義，感情才會緊密

兒童發展專家賴利（J. Ronald Lally）本身也是教育工作者，他以社會子宮（social womb）這個概念來形容，胎兒出生後，持續藉由社交互動成長發育。[5] 相較於多數哺乳動物，剛出生的人類極其無助，無法自行走動，也不能主動覓食，全權仰賴照顧者打理生活。但是我們一生下來就能夠進行複雜的社交活動，這是其他生物所沒有的能力。年僅幾小時的嬰兒已經懂得循聲找人、辨別人臉，更知道透過肢體動作表達意圖，比如準備玩耍、或是不知所措時想窩在被毯裡小憩。

打從出生那一刻起，新生兒的生死存亡就掌握在照顧者手上，不光是生理需求，還要發送情感信號（emotional signal），這就是抱持環境（holding environment）的核心概念。照顧者的接納與涵容是一股力量，支持嬰兒從挫敗中建構意義，幫助他們從不同經驗中發展各方面的能力。照顧者展現涵容的態度，就不會控制或抹殺孩子的感受，還會陪伴孩子度過紛雜強烈的情緒，繼而發展能力去維繫完整的自體。抱持看似是簡單的肢體動作，卻是照顧者要體現他在情感上與孩子同在，這對孩子而言至關重要。在《把孩子放在心中》一書裡，高德醫師描述了母嬰互動的一段情景，讓讀者見識到，抱持之於生理面及情感面的作用：

> 午後一處艷陽照映下的湖畔邊，有位媽媽試著為男嬰戴上遮陽小帽，可是他顯然不太情願。媽媽固定好帽帶之後，男嬰變得更加煩躁，開始使勁尖叫，她趕緊出聲安撫男嬰，透過和緩的語調替兒子說出苦惱。這個媽媽平心靜氣地和兒子溝通，試圖讓他明白，她也能體會這種挫折感。她相信，兒子能克服這微不足道的不舒服感。[6]

這段簡短的母子互動證明，抱持環境有助於嬰幼兒調節自己的感受。這位媽媽不只照顧到男嬰的生理狀況，同時也認同他的實際感受，幫助他調適看似無法控制的情緒。我們在面無表情實驗中發現，嬰兒被綁在汽車安全座椅時，媽媽只要把手放在他的臀部，就能化解他的壓力和負面情緒。

為了理解這個世界，每個人都需要一個互動對象來支持自己，幫助我們適應環境。倘若我們無法根據社交環境建構正面的意義，就會感覺備受威脅。換言之，你的生存取決於，你是不是能連結他人共創意義。若在幼兒時期體會過不少失和與修復的經驗，之後人生不管遇到什麼狀況，都能維繫內心的幸福感與能動性。

從以下這段母嬰互動的實驗場景，我們發現人類在生命初期就能與他人共創意義。[7]一個六個月大的男嬰正在嘗試抓某個玩具，可是放太遠了，他怎麼都抓不到，因此變得心煩氣躁。此時寶寶轉移目光，開始吸吮大拇指；冷靜片刻後，寶寶又試了一次還是不成功，再度感到氣餒。媽媽看了寶寶一眼，全神貫注但沒什麼表情，接著說了幾句安慰的話。寶寶再度冷靜下來，目不轉睛地盯著玩具然後出手，這一次目標物手到擒來。原來媽媽已經把玩具移過來，就在寶寶觸手可及的地方。他成功抓到玩具把玩了一番，然後咯咯笑了一會兒，彷彿在說：「我辦到了！」

這位媽媽不光是把玩具挪到寶寶身邊，而是先是注意到有狀況，並且從旁予以安慰，進而建構鷹架支持寶寶的各項嘗試，協助他將負面情緒轉化為正面經驗。更重要的是，男嬰在這次互動中表現出一套自我安撫的行為戲目（behavioral repertoire），所以他不用全然仰賴母親。這種自我調節的基本能力，源於嬰兒的早期經驗：時時刻刻和照顧者互相調節。經過這次互動，男嬰和媽媽一起學會在心煩意亂的當下穩定心神。現在他知道，只要自己重整旗鼓，就能觸發媽媽的回應，以助他一臂之力。

假如兒童構築的世界觀是安全、可控的，他就能靠自己建構意義，也能攜手新夥伴共創意義。這些意義會賦予兒童能量，促使他秉持希望與好奇心去探索更多嶄新經驗。由此可見，兒童的自我調節能力，也有助於在他與人互動時找到平衡。透過人際互動，個體回過頭來調節自己的行為與情感，並不斷受到對方的言行態度影響，這個互相作用的過程就稱為相互調節（mutual regulation）。

我們在第八章將深入討論，倘若個體只專注於自我調節，所有的行為與情感都奠基於此，那麼他的人際互動就會出現障礙。個體把重心放在自己身上，就會犧牲相互調節的機會。正如我們觀察到，罹患憂鬱症的母親和嬰兒互動時，雙方都耽溺於自我調節中。嬰兒習慣別過身、晃動身軀或吃手指頭，藉由安撫自己的行為來調節自我。他們無法從照顧者身上獲得足夠的鷹架支持，所以才會轉向自我尋求慰藉。同樣的，母親也會以退縮行為來自我調節，如無精打采的模樣或迴避眼神接觸。她們難以和自己的孩子互動，並進行相互調節。這樣的母嬰無法調節彼此的行為與情感，反倒以相互失調（mutual dysregulation）的模式影響對方。他們索性放棄修復裂痕的契機，將對方拒於門外。

高敏感也是一種天賦

自我調節的能力從出生就開始成形，在兒童的發展過程中，個體學會透過溝通表達感受。學齡前及學齡期兒童的自我調節力，除了用來維持情緒及身體的穩定外，更涵蓋執行功能（executive function）。此功能包含好幾個概念，包括個體的自制力、專注力及彈性思考，這些能力對於學習和社交互動極其重要。自我調節並非與生俱來的特徵，而是隨著個體的成長發育，逐漸地出現。

正如我們所見，自我調節從內在開始萌發，透過與他人的互動慢慢增強。我們在實驗室觀察到共同調節的過程，目前研究還在進行中，預計之後要針對早產兒及憂鬱症家長進行類似實驗。在許多壓力相關的研究中，研究者都發現多種風險因子，所以難以辨別特定壓力對關係的影響。因此，我們設計一項實驗，將壓力作為單一風險因子，假定它會干擾母親，並回過頭影響她和嬰兒的互動。

首先我們將所有母嬰分為兩個組別，接著請每一位母親面對面和自己的寶寶玩遊戲。第一次遊戲結束後，我們請母親聽一段兩分鐘的錄音檔；第一組會聽到嬰兒的哭泣聲，第二組則是聽到嬰兒咯咯笑的聲音（聲源皆非她們的小孩）。同一時間，研究助理會負責和寶寶一起玩，寶寶聽不到也看不到自己的媽媽在做什麼。後續我們請母親再一次和自己的寶寶面對面玩遊戲。[8]

我們著重觀察母親在第二次遊戲中的表現。從影片看來，第一組的嬰兒更容易表現出心煩意亂的行為。出人意料的是，分析所有母親的臉部表情、聲音、觸摸方式以及和嬰兒的距離，我們發現，兩個組別的母親在行為上沒有差異。嬰兒似乎是察覺了媽媽的負面情緒，才產生紊亂的行為，不過研究人員觀察不到媽媽出任何傳遞負面訊號，如此說來，嬰兒的感知系統比成人還要敏銳！

換句話說，母嬰的行為跟彼此息息相關。在相互調節的過程中，寶寶的心情會影響到媽媽，媽媽的心情也會影響到寶寶。然而，第一組媽媽聽到的哭聲還不是自己小孩的。正因如此，我們不難想像，要是媽媽聽到自己的小孩在哭，會產生多大的壓力。因此，想要改變失調的互動關係，就必須細察關係本身。倘若親子在互動時沒有相互調節，反而陷入相互失調，那麼問題便是出在家長及小孩身上。

三歲的路克已經會說話了，但對身邊周遭的一切感到好奇。只要聽到走廊吸塵器的聲音，就會放下玩具，猜測那是什麼聲音。如果有貨車經過，他就會停下手邊的事跑到窗邊看，然後對貨車品頭論足一番。路克和爸爸唐恩及媽媽卡莉玩的時候，也會對周遭的一舉一動有所反應，所有人都覺得路克十分有趣。

不過，自從路克去上學前班後便開始出現問題，他在學校動不動就崩潰。有一天早上，小朋友都在準備進行下一個活動，教室頓時變得又吵又鬧，路克竟然跑出教室，嚇得老師一把將他抱起來。後來老師太心急大聲斥責了他，受到震撼的路克整個人瞬間失控，倒在地上尖叫還拳打腳踢，甚至踹到老師的胸口。卡莉接到學校電話後，不得不來把路克接回家。一開始卡莉簡直嚇壞了，甚至覺得很丟臉。到家之後，卡莉厲聲問道：「你為什麼要那樣？」她顫抖的聲音充滿怒氣。路克當然不知道自己為什麼會那樣。唐恩則是甚麼也沒問，只是要路克去待在房間裡。

路克這一次發作勾起了卡莉的回憶，她想起小時候受到父親的言語霸凌。在過往經驗的刺激下，卡莉更加認定路克就是磨娘精。然而夫婦倆對路克越是嚴格，情況越是棘手。唐恩和卡莉開始說一些難聽的話責怪對方。另一方面，路克在學校越來越皮，明明大家都圍成一圈坐得好好的，就他一個在教室裡跑來跑去。一家三口深陷失和的泥淖，動彈不得。

上學六個月後，老師認為路克可能是ADHD，唐恩和卡莉不得不採取行動。剛好有朋友是醫師，他專門解決兒童的問題行為，於是建議兩人帶路克去看兒童行為治療師。後來在治療師的幫助下，唐恩和卡莉認真花時間去找出加劇問題行為的成因。他們發現，路克的感覺處理系統過於敏感，才會導致他坐不住、難以專心。此外，打罵管教和夫妻爭吵也是導火線。目前有研究指出，處於壓力環境或是面對無法化解的衝突，有些基因組就會被觸發，個體就容易衝動（impulsivity）和無法專注。反之，只要壓力和衝突減少，相關基因組就不會發揮作用。[9]

唐恩和卡莉擔憂到手足無措，只要提到兒子的事就會變得異常焦慮，等到回過神來，兩人已經陷入無盡的謾罵。了解問題行為的前因後果後，夫妻倆學會化躁動為力量，互相安撫對方，並一同面對孩子的問題。現在卡莉想通了，丈夫是盟友而非敵人，所以只要她意識到自己被路克激怒了，也無能為力應付，就會接受唐恩釋出的善意，由他來處理問題。卡莉和唐恩不再互相找碴或責怪對方，他們學會各退一步，冷靜下來深呼吸並傾聽對方。兩人變得更加包容，都能接納兒子與眾不同的感官能力。父母不再大驚小怪，路克的問題行為也就變少。親子間的種種改變讓這個家逐漸成為名副其實的避風港。

唐恩夫婦打造出正向的家庭環境，也懂得欣賞孩子的高敏感特性，包括他的藝術天分，還有對他人感同身受的能力。他們感受到兒子逐漸萌生的同理心。過去這對父母和老師嘗試在教室解決問題，讓路克更加徬徨無措。職能治療師建議，路克一接收到強烈的感官刺激，就讓他到大廳走走路，調節身心反應。只要路克學會處理自身激烈的反應，自體的意義就會有所改變。

路克錯亂的行為不是他的錯，也不是唐恩或卡莉的問題，而是一家三口彼此影響的後果，如此才會導致路克無法專注的情況惡化，更致使唐恩和卡莉自我調節的能力超出負荷。

家長的一舉一動會影響孩子的能力發展

不管我們言行舉止符合什麼標籤，或者背後的成因是什麼，關鍵還是在互動的品質。孩子有注意力不集中、過動等等跡象，家長也會受到影響，進而反過來影響孩子。今日片刻的舉動會左右未來每一秒的發展。除了親子關係，我們這一生經歷的各個成長階段、擁有的人際關係以及自己的言行舉止，彼此都環環相扣。

人類在嬰幼兒時期便學會轉移注意力。以換尿布為例，小寶寶一天要換好幾次，這是尋常不過的事務。許多爸媽會自然地複誦自己的動作，媽媽會安撫寶寶：「擦屁屁會涼涼的喔！」爸爸則在一旁附和：「屁屁膏放在桌上，把拔去拿一下喔。」藉此讓寶寶知道爸爸一直都在，只是暫時離開。屁股被清理時的涼意，還有爸爸短暫消失，這些日常的不愉快感很快就被化解了。可是如果照顧者一直魂不守舍，在想小孩的其他事情，或是疲憊、心情憂鬱，就無法藉由互動培養嬰兒的注意力。對於換尿布這種例行公事，每個人所投入的心力各不相同，如果照顧者過於分心或者漫不經心，寶寶的注意力勢必會受到影響。

母親罹患產後憂鬱症對嬰兒發展有哪些長期影響？英國雷丁大學（University of Reading）發展心理學系教授莫瑞（Lynne Murray）和精神病理學教授庫柏（Peter Cooper）有做過研究。一旦嬰兒開始和周遭環境交流、與人面對面接觸，其互動的經驗好壞，就會影響他注意力的發展。[10]每一個嬰兒來到世上時，確實都帶有不同程度的活動力和注意力，不過這些生來的差異不會決定發育的結果。親子互動才會左右嬰兒的注意力以及處理社交資訊的能力。受憂鬱症狀所苦的家長，往往無法和嬰兒面對面互動以及玩遊戲，孩子也可能在嬰幼兒後期出現問題行為。親子間的相互失調會破壞嬰兒的情緒穩定，進而破壞其注意力的發展。

家長要煩惱生活很多事，以致於無法給孩子需要的回應，這不是他們的錯，但是解決問題是他們的責任，至少要能看清小孩的真我。罪惡感是為人父母的宿命，「這都是我的錯」意味著「我有責任」，因此不如試著把「錯誤」替換為「責任」。只要勇於承擔責任，能力通常就會伴隨而來。無論你是父母、小孩、戀人、同事、手足或朋友，關係脫序時，不需要怪東怪西，而是認清彼此的角色，並且主動尋求和接受幫助，如此一來我們才能善盡各種角色的職責。我們會在第九章深入討論各種形式的協助。

生活陷入困境，先檢查關係是否出現問題

有位睿智的同行說過，假如一盆綠色植物老是養不活，就一定要考慮陽光、空間、土壤和水分是否有問題，由此可見環境對植栽至關重要。許多研究也指出就連樹木和樹木之間也有作用關係，如同二〇一九年普立茲獎小說類得獎作品《樹冠上》（*The Overstory*）所描繪的世界，樹木彼此溝通有助於自我生長。[11]二〇一八年五月《紐約時報》的文章〈如何當個綠家長?〉（How to Become a Plant Parent）呼應了這個論點。[12]作者詳盡描述，頭一次帶盆栽回家的人，如何展開一系列的養育過程，

他更一步步傳授如何澆水、換盆的訣竅，好讓植物寶寶順利長大，這不禁讓人聯想到失和與修復的歷程。「專家說，盆器的尺寸比原先的大一號就行。」所以如果一開始是八吋的盆，換的時候用十吋的就好，他接著說：「要是盆器太大你會澆太多水，這樣對植物生長不利。」作者甚至點出，養育植物過程勢必有波折：「要成為出色的綠家長就必須克服澆太多水這個最大的障礙，沒錯，你絕對會忍不住多灑一點。」

有個朋友知道自己是黑手指，放眼望去，他的園子和花團錦簇根本沾不上邊。他說：「我真的是費盡心思只為了讓我的植物長大。」養兒育女跟養育植栽沒有什麼不同，教養不單要注意每個孩子的特質，還要注意「環境」，只是這裡的環境不是陽光和水分，而是各式各樣的互動關係。

在教養的過程中，反覆經歷失和與修復，親子都能得到能量，關係也會更加密切。儘管嬰幼兒時期的經歷已經為人生立下基石，但是父母、手足、朋友、伴侶等等形形色色的關係，會持續形塑自體感與人生觀。人與人的每一次交流都是在改變對方。

生活出問題時，我們常常怪自己或其他人。然而從面無表情實驗中，我們可以體悟到，在個體建構意義、形塑自體感的過程中，怪罪不僅沒有助益，甚至也毫無道理。一旦你發現人際關係老是失和卻無法修復，你可能需要深呼吸，簡單問自己一句：「有沒有可能對方是對的？」

在本章，我們一一檢視，日常互動如何產生細微的失和。我們還提到，修復裂痕有助於個體培養自我調節的能力與親密感。下一章，我們會繼續引用面無表情研究來解構生活中的重大衝突，並解釋韌性如何幫助個體面對生命的創傷。在日常生活中，每個人都有處理日常難題的一貫方式，並以此為基礎來應對龐大壓力。假如你相信自己能夠度過難關，就會帶著希望和能動性正視問題。不過，若缺乏失和與修復的契機，你就會過度仰賴自我安撫的行為，藉此維持鎮定，轉向內在尋求幫助，繼而喪失連結社會的能力。如此一來，你就很有可能會屈服於逆境之中，因而一蹶不振。

第5章 從家人相處的問題磨練出韌性

一般認為，韌性是克服逆境（Adversity）的能力。遇到重大意外，如天災導致家破人亡，或者受到性侵害，這些苦難發生過一次，就會留下深刻、無邊的影響，最好不要再發生第二次。然而，同樣是遭遇逆境，為什麼有些人能克服創傷，活出新生命，有些人則是一蹶不振，人生就此脫序？接下來，從兩位女性遭逢喪夫之痛的歷程，可看出韌性的重要性。

卡蘿七十歲那年先生艾倫突然中風走了，無依無靠的她只剩下自己。在每一個輾轉難眠的夜裡，卡蘿都會想到驟逝的先生，這令她悲痛欲絕。因此她參加了許多充實的課程，目的是讓自己忙到沒空想那些事。不過到了夜深人靜的時刻，她心頭又會湧上一股苦楚，一次次哭濕了枕頭。在那些時分，她總是放縱情緒，體會深刻入骨的失落感，恣意浸淫在哀慟中，緬懷丈夫的人生。這個過程能夠幫助她釋放能量，做好準備迎接未來的嶄新生活。卡蘿四處去旅行，後來報讀了社區大學，走出舒適圈結交新的朋友。

卡蘿失去丈夫不久後，她的朋友邦妮也成了寡婦。此前邦妮和卡蘿都擁有長久穩定的婚姻生活，然而不同的是，邦妮的生命似乎在丈夫丹恩過世後開始逐漸萎縮，她從此陷入憂鬱的泥淖，既無法承受起起伏伏的哀慟情緒，也無法面對隨之而來的新生活。邦妮對先生的死一直耿耿於懷，所以就像溫水煮青蛙般，任由若有似無的絕望感侵蝕她的生活。現在的邦妮易怒，動不動就對朋友生氣，難以借助友誼獲得慰藉。邦妮害怕一旦澈底去體會喪夫之痛，勢必會崩潰到不能自已，所以她緊抓著頻臨崩潰邊緣的自己，日復一日照表操課，從不離家太遠，而且拒絕任何親朋好友的邀約。

同樣遭遇喪偶之痛，卡蘿展現出韌性，邦妮則是走不出來。卡蘿的韌性有一部分是因為，她知道自己不會永遠都如此痛不欲生，這個信念是隨時間一點一滴培養出來的。先生剛過世時，她哀慟不已，無法意識到這股能量，直到進入療癒的旅程以後，這個信念才逐漸緩和她的情緒和身體反應。個體對未來抱持信心，這種內在力量超乎意識的覺察，始發於從小到大經歷的各種強韌、健全的關係。

但是邦妮不具備這個信念，她和丹恩各自的原生家庭本來就有很多問題。儘管兩人從婚姻中找到了平和，他們還是會避免和外界建立過多的情感連結。這麼多年來他們都沒有生小孩，全權仰賴另一半的扶持，現在要怎麼靠自己走下去，邦妮茫然不知。

韌性根植於家長在幼兒期的耐心陪伴

韌性不是與生俱來的特徵，也不是災難當頭就會自動解鎖的超能力。從幼兒期開始，我們不斷在親密關係中經歷失和，這才長出了韌性。在發育過程中萌發的韌性「平凡無奇」，但會隨著日常生活，成為個體的一部分，並且不斷發展茁壯。[1]只要能化解社交互動中的輕微壓力，人的內在會發展出一種信心，認為自己能夠克服大大小小的難關，進而變得更堅強懂事。一旦你意識到自己有能力修復裂痕，韌性便會油然而生。從幼年期，我們就與家人走過失和與修復，之後還會經歷更多人際關係。而韌性就像肌肉，隨著生命經驗逐漸生長，會變得越來越強大。

細微的混亂狀態始自嬰幼兒時期，有時母親凝視嬰兒，嬰兒卻低下雙眼，有時是父親的大嗓門加劇嬰兒的驚嚇反應與哭泣。這時候，雙方只要再度相視而笑，透過輕聲安撫或懷抱嬰兒，就能修復失和。假如失和與修復的過程順利，破壞的力道就會和療癒的力量成正比，促進嬰兒發展自理能力。

每一分每一秒都會發生細微的混亂，還有修復與成長。正在餵奶的媽媽分心去接電話，徒留嬰兒床裡的小寶寶尖叫哭鬧，回來之後她溫柔地跟寶寶說話，並且繼續餵奶。這個寶寶克服不安的感覺，等待媽媽回來，由此發展出耐心。學步期的孩子不時大吵大鬧，只要父母在旁耐心地陪伴，讓他發洩情緒，冷靜下來後，這個孩子就會發展出自信，相信自己有能力處理棘手的情緒而不被擊倒。

第二個孩子出生後，學齡前的哥哥難免會有憤怒與失落的情緒，但家長只要耐心陪伴，並且給予適當管教。一度過混亂期，老大就會發展出更健全的能力以因應複雜的情感，同時對即將到來的手足付出關愛。到了學齡期，家長可以引導孩子去學習面對日益複雜的社交關係，多加鼓勵與支持，為他提供解決問題的空間，而不是打電話跟朋友抱怨孩子有多難管。

進入青春期後，孩子嘗試獨立和自我探索，過程可能會引發各種插曲，並破壞家中和諧的氣氛。青春期與學步期非常類似，只要家長能從容以對，適時與孩子同在且樹立規範，如此就能幫助滿腔怒火的青少年挺過混亂期，步入成年。

德裔美籍發展心理學家艾瑞克森（Erik Erikson）將人一生的發展分為八個時期：嬰兒期、幼兒期、學齡前兒童期、學齡兒童期、青春期、青年期、中年期及老年期。[2]這八個發展階段隨著時間依序推進，但每一階段能否順利度過則取決於社會環境，因此又稱為心理社會階段論。當中每一個階段都存在危機，人格會往積極或消極的方向發展，就取決於個體如何解決危機。順利的話，個體的自我功能會提升，適應環境的能力也會增強。反之，自我功能就會減弱，也不容易適應環境。

以學齡前兒童期為例，其發展目標是學會照顧自己，順利的話，他就能開始自主行動（autonomy）；不順利的話，就會產生羞怯懷疑（shame and doubt）的心理。卡蘿和邦妮喪夫時已經進入老年期，在這個階段，個體開始回顧一生，解決最後的認同危機。若能用完整的角度回顧過去的歲月，放下後悔或失望的感覺，個體就能培養出完整而堅實的自我；倘若個體認為過去的生活就是一連串不幸的遭遇，則會衍生出絕望心態。年屆古稀的卡蘿和邦妮早已各自發展出一套專屬的生活與生存方式，這是由大半輩子的生命經驗形塑而成。然而，究竟是什麼樣的經驗會讓人生出信心與韌性，又是什麼樣的遭遇會讓人感到無助甚或是絕望？

不時面對日常的壓力，就能累積經驗去面對大魔王

哈佛大學兒童發展中心（Center on the Developing Child）主任尚科夫（Jack Shonkoff）與中心研究員共同發展出一套基本架構，用於闡述兒童在日常生活所經受的不同壓力。[3]這套框架涵蓋三種不同性質的壓力：正向壓力（positive stress）是一般的生活負荷，會短暫加快心律，也會提升血液皮質醇的濃度；耐受壓力（tolerable stress）是急性的狀況，而支持關係（supportive relationship）可以有效緩解相應的反應；毒性壓力（toxic stress）則是「個體缺乏安全有保障的照護關係，導致身體的壓力反應系統長期處於運作狀態」。

幼兒的壓力來自形形色色的遭遇，為了更方便討論，我們替換成另一組術語：好壓力（good stress）、壞壓力（bad stress）及醜壓力（ugly stress）。

好壓力源於生活中常見的分分合合，誠如在面無表情實驗中呈現的親子互動。若照顧者突如其來、莫名其妙地消失，就會產生壞壓力。從實驗當中可看到，親子關係健全的嬰兒若累積足夠的經驗，就能克服細微的壓力，輕輕鬆鬆化解修復期間產生的壞壓力。但若照顧者有情感忽視（emotional neglect）的問題，導致嬰兒一再

錯失修復的機會，就會產生醜壓力（ugly stress），因而無法處理比較複雜棘手的狀況。而嬰兒能承受多大壓力，則取決於他根據經驗所建構的意義。

個體要有能力面對壞壓力，有賴平時常常應對正向壓力（好壓力）。只要嬰兒不斷經歷失和與修復的過程，蓄積大量的正向壓力，他就能作好心理準備去耐受重大的挫折。在發育過程中，嬰兒和照顧者反覆經歷失和與修復，就會認為自己處在安全有保障的關係中，繼而產生對自我及照顧者的信心。

倘若生長環境讓兒童沒機會去解決問題，他就難以發展因應機制（coping mechanism）去調節自我的生理狀態、行為及情緒反應。在日常生活中，短暫、瞬間的失和會產生細微壓力，只有透過親子互動、修復裂痕，孩子才能逐漸培養出韌性，這個過程我們稱為調節鷹架（regulatory scaffolding）。照顧者提供「夠好的鷹架」，兒童就有機會去克服挑戰，增加人生的歷練。而所謂「夠好的鷹架」，代表失和的時間恰到好處，既不會拖太長以致於喪失修復契機，也不會稍縱即逝，讓彼此無法充分感受那矛盾的心情。

童年創傷會影響成年後的人際關係

一九九五年，美國疾病管制局（Centers for Disease Control）與加州凱薩醫療機構（Kaiser Permanente）共同研究發現，童年逆境經驗（Adverse Childhood Experiences）是成人肥胖的成因之一。[4]研究結果更出乎醫師意料，成人肥胖最主要的預測因子竟是兒時被性侵的經驗。該研究持續數十載，針對許多在童年逆境下成長的成年人進行調查。逆境經驗包括主要照顧者狀態不穩定與教養方式不當：前者是指父母失和、離異、入獄、濫用藥物以及罹患精神疾病；後者則包含家庭暴力、性騷擾或性侵害、缺乏生理及情緒支持，這些都是醜壓力的來源。

流行病學專門探討人類群體（而非個體）的健康及疾病分布狀態，並藉由族群間的各項差異，來探索影響健康及致病的因子。許多流行病學研究揭露，童年逆境經驗會造成各式各樣長期的後遺症，包括肥胖症、心臟病和氣喘等疾病，以及憂鬱症、酗酒等社交與情緒障礙。重點不在於針對特定疾病找出具體成因，而是找出證據說明群體健康和潛在成因的關聯。我們非常關心，童年逆境經驗如何捲土重來，刺激成人的大腦和身體反應，造成長期的身心問題。

針對各式各樣的童年逆境經驗，我們可以理解為，親子在相互調節過程中所產生的脫序現象。也就是說，個體生長在關係貧乏（relational poverty）的環境以致於缺乏修復經驗。

正如前一章所述，幼年時與照顧者相互調節會產生耐挫力與親密能力，此過程能緩解逆境經驗，但也有可能帶來負面影響，成為你往後存在於世界的既定模式。童年逆境經驗會改變你的大腦和身體，你對待朋友、師長、手足與伴侶的方式，也由此展開。日後當你遭遇類似的互動模式，童年創傷就會浮上檯面且變得更傷人。就算你現在長大了，逆境早已不復存在，但是只要壓力一來，你的自我調節力就會減弱，這就是童年創傷造成的傷害。

雖然支持關係可以緩解逆境經驗，但他人或環境若構成威脅，其效果就會打折。貧窮就是一種環境風險，它會減低照顧者的能量，以致無法協助孩子抗壓。風險因子也可能來自孩子本身，譬如第三章提到，亨利生來對聽覺特別敏感，就比較容易哭鬧，比一般幼兒還難安撫，照顧者勢必得更費神。新生兒出生後幾個月，發育的速度飛快，任何脫序的互動經歷都會影響其韌性的發展。

親子關係剛開始發展時，通常彼此都能妥善調節自己行為與情感，迅速修復常見的裂痕。照顧者不僅能協助孩子應付大小事，也能化解自己做錯事造成的負面效果。如果照顧者必須應付貧窮、社區暴力等外在惡劣環境，或是有憂鬱症、焦慮等內在失調的狀態，那他的自我調節力會不斷受損。這麼一來，照顧者非但無法緩解孩子的痛苦，還會將壓力轉嫁到對方身上。換言之，心煩意亂的家長無法安撫挫敗的孩子，甚至會導致平靜的孩子產生負面反應。

家長若能不斷嘗試修復關係、自我調節並緩解孩子的壓力，就能刺激幼兒發展出韌性，以因應各種挑戰。反之，親子關係長期失和，幼兒各項能力就會減弱，自體變得脆弱又容易感到無助感。

孩子的發展障礙可能是童年逆境所造成

麗莎是鴉片類藥物成癮患者，因此無法好好照顧親生兒子伊恩。伊恩時常獨自「看家」，一個人坐在遊戲圍欄裡好幾個小時，沒有半個大人在旁邊看顧。陰晴不定的麗莎動不動就會失控，姊姊蕾貝卡帶她去接受戒治好幾次，不過麗莎總是無法堅持完成療程，每回都是以失敗收場。整個家始終敵不過藥癮千軍萬馬的拉力。進入學步期後，伊恩開始出現這個階段常見的問題行為，比如怎麼叫他穿鞋子就是說不聽，面對這種煩亂的狀況，有天麗莎控制不住情緒，就出手搧他耳光。伊恩一如往常去日托中心上學，臉上卻帶著一大片瘀青，老師馬上請兒少保護機構的社工介入處理，當時膝下無子的蕾貝卡和先生保羅便決定將侄子接回家一起住。麗莎步步走上藥物成癮的毀滅之路，最終她放棄了伊恩的親權。伊恩過完三歲生日後，蕾貝卡和保羅馬上就辦好了領養手續。

蕾貝卡和保羅對麗莎很失望，卻很開心能領養伊恩，他們做夢也沒想到自己有一天能為人父母。蕾貝卡夫婦有能力給伊恩一個充滿愛的家。確實，伊恩來到這個家之後才得到安心的感覺，可惜經過短暫的蜜月期之後，他開始出現一些症狀。嬰幼兒期積累的失落感已然對伊恩的身心造成傷害。蕾貝卡發現，他每天都有許多「暴走」行為，非得大鬧一場才行，行為管教策略也不見成效。後來蕾貝卡讀到一篇文章，她不禁懷疑伊恩是否患有兒童躁鬱症。所幸某一天夫妻倆無意間看到歐普拉主持的訪談性節目《六十分鐘》，當集來賓正好是休士頓兒童創傷學院（ChildTrauma Academy）精神科醫師佩里。[5]看完那集節目，夫婦倆頓時明白接下來應該努力的方向。

佩里的教學足跡遍及全世界，他致力傳授創傷照護的知能，為教育工作者、治療師、社工師及領養機構提供參考策略。那集節目中，佩里向歐普拉解釋，要改變兒童的行為務必先了解孩子的經歷。在與人互動的過程中，嬰兒的大腦形成神經連結迴路，假如相處上一團混亂，大腦迴路就會受到影響。佩里透過「關係貧乏」和「關係健全」(relational health)這兩個概念來說明，孩子沐浴在全新的關係中，也就是「療癒網」(therapeutic web)，才能徹底改變大腦迴路。

佩里的概念符合面無表情的相關研究結論與架構，也就是說，自我調節是源自於相互調節的過程。[6]在伊恩這起個案中，生母濫用藥物的行為大大折損了鷹架支持的作用。這番話並不是在怪罪麗莎，而是說明家長陪伴對孩子的重要性。唯有透過時時刻刻的失和與修復，家長與孩子才能攜手共同營造健全的關係。

所謂的「逆境」，就是照顧者的資源被剝奪以及親子無法互相調節。藥物濫用、家庭暴力、婚姻失和或離異、照顧者罹患精神疾病都會影響孩子的發展。照顧者應該在失和與修復的互動關係中提供鷹架支持，然而逆境會化助力為阻力，妨礙孩子發展韌性。

蕾貝卡和保羅沒有意識到早期生命經驗對伊恩的影響，所以將他在學步期的行為解讀為「發展障礙」、反常或叛逆。了解佩里的嶄新見解後，蕾貝卡夫婦得以豁然開朗，知道要從不同視角詮釋伊恩的行為。現在他們知道，單靠行為管理或治療，沒有辦法解決這些問題與症狀。

為了改變伊恩的發展歷程，協助他朝健全的方向前進，蕾貝卡和保羅費盡心力營造嶄新的社交環境，為伊恩找到各式各樣的支持關係，包括社區的遊戲團體、家庭治療商談、小班課，甚至養了一條狗。另一方面，麗莎的藥物成癮問題也影響了蕾貝卡夫婦的心情，他們也需要專屬的療癒網，才能成為伊恩需要的父母。

蕾貝卡加入了編織社團，並利用每週聚會與同好交流，幫助自己化解日常的難題，不管是編織的成品掉線，還是老師打電話來說伊恩今天狀況不太好，蕾貝卡都能妥善調節自我。

假如當初蕾貝卡堅持，只用行為管理來約束伊恩的言行，而不是正視孩子早期建構的經驗意義，那麼伊恩和整個家都會陷入折磨的深淵。

花一點時間修補裂痕，才能培養韌性

當我們深陷強烈的情緒難以自拔，時間就會失去意義。看不清現況，就會認定自己將永遠被困在此刻此地。因此，家庭狀況若一團糟，孩子很容易喪失時間感，就算之後生活在充滿關愛的環境也是一樣。任何細微的壓力，例如收玩具的指令，都會讓孩子停滯在當下，無法脫困。無論家長祭出獎賞或懲罰，對孩子來說都沒有意義，因為他們喪失對未來的具體想像。

談到時間感，溫尼考特提出「繼續如是」（going on being）這樣優美的概念，以描述自體不受干擾、持續運作的狀態。人們處於壓力、混沌的環境中，會緊抓著熟悉又一致的自體感，而這種經驗建構自早期的親子互動。[7]溫尼考特以簡要的時間公式揣摩這個概念。[8]他解釋，假設母親消失「X＋Y分鐘」，嬰兒還能維繫住母親的心象。可是如果她消失「X＋Y＋Z分鐘」，嬰兒就無法再保住母親的心象，從嬰兒的視角來說，母親彷彿不存在於這個世界。溫尼考特將「X＋Y＋Z分鐘」的經驗稱為創傷（我們稱之為醜壓力），並認為這會對嬰兒造成難以想像的焦慮，因為他會覺得自己也不存在了。

溫尼考特認為，幼兒發展中的自體一旦消失，就會感受到深層的折磨，並出現這種焦慮。以伊恩為例，有天他在學校排隊領午餐時，後面的女孩靠得太近，他感受到龐大的壓力，身體進入戰或逃反應，所以推了那女孩一下。此時老師告訴他，再不冷靜下來就要請爸媽帶他回家，但是伊恩根本無動於衷。壓力太大，使得伊恩的心智停留在當下那一刻，所以「難以想像」未來的任何情況。就算老師在一旁嚴厲地斥責，他也無動於衷，因為「我是伊恩」的自體感已然煙消雲散，令他陷入「難以想像的焦慮」。

經過數十年臨床生涯的悉心觀察，溫尼考特才得出這般見解。繼續如是的概念不光出現在情感經驗中，更體現在人體的生理反應。研究人員發現，失和或修復的時間拖得越長，嬰兒的壓力荷爾蒙濃度越高，緩解的時間也會變慢。這足以證明，母嬰關係越快修復，嬰兒調節壓力的反應就越好。[9]

一如第三章所述，透過自律神經系統，HPA軸能調節壓力反應。過程中，身體會釋放皮質醇到血液中，這種壓力荷爾蒙的作用是提供能量，讓我們得以解決眼前的危險或威脅。皮質醇濃度快速上升，身體就能應付當前的狀況，不過高濃度的皮脂醇長期分泌，會對人體造成負面影響，不僅抗壓力會變低、免疫系統功能受到抑制，還會產生焦慮等問題。[10]親子失和的時間久到超出嬰兒能夠應付的範圍，血液中的皮質醇濃度就會升高。壓力會不停累積，直到下一次再遇到壓力，身體就會釋放濃度更高的皮質醇。

壓力反應系統過於敏感的話，皮質醇濃度就會節節高升，慢慢損害人體和大腦。而經驗會化成好壓力、壞壓力或醜壓力，都取決於微秒之間的失和與修復。修復時間太長，好壓力就會變壞壓力，繼而惡化為醜壓力；若是時間太短，就無法成為正向的好壓力。在童年逆境經驗的侵蝕下，孩子就沒機會好好管理自身的行為和情感。面對內心龐雜的情緒時，他們容易變得茫然無措，進而失去時間感。他們的心彷彿在說：「我被這個情緒困住了……我應付不來，感到既無助又脆弱。」

不斷累積失和與修復的經歷，兒童就能培養出堅實的繼續如是感，以此正面迎戰各種苦惱。這就是韌性的本質：在經歷錐心之痛時，人們仍舊抱有希望與信念，相信一切都會隨著時間好轉，一如卡蘿走出創痛的陰霾，迎接嶄新的人生。

缺乏失和與修復的經歷，韌性就無從發展，我們就容易在情感的迷林裡走不出來，如同邦妮一樣看不見未來。不管經歷多麼沉痛的失落，卡蘿都能夠依靠堅實的內在核心，挺過混亂失序的過渡期。而邦妮的內心頻臨崩潰，反倒威脅到她繼續如是的能力，也無法寄望於未來。邦妮可能受「難以想像的焦慮」所苦。她害怕面對真正的感受，於是無法放開心胸去體驗少了她丈夫的世界。在伴侶過世後，卡蘿一路活到九十歲，邦妮的健康狀況則是直線下滑，幾年後也與世長辭了。

未來有各種可能，人生的契機也有千百種。一旦心裡明白，情況再糟也會有好轉的一天，那麼就能拿出勇氣，超越逆境。

有些人無法走過失和的經歷，也沒有學會從疏離步向連結，既然無法好好獨處，也不能跟人共處。他們永遠被困在生命的某一個瞬間，憤怒始終無法止息，悲傷也沒有盡頭，再也無法痊癒。那一個瞬間成了永恆，而這就是絕望的本質。

馬拉松選手不會每天都跑四十二公里，一開始會先跑較短的距離，隨著每週進展再調整距離。選手以漸進式的節奏培養耐力，個體也是一步步在親子互動中發展應對策略。選手投入時間訓練，耐力也隨著增強。韌性也是，個體不斷經歷失和與修復，就會一點一滴培養出韌性。若能化解各式各樣的細微壓力，就能發展抗壓性，以應付更大的挑戰。

誠如第九章所示，當我們體認到韌性的發展源頭，就能了解創意活動的價值，尤其是和他人共同邁向復原之路。像舞蹈、打鼓或武術等規律的運動，能帶給我們豐富的身心體驗，幫助我們調節自我、親近他人。瑜伽也有助沉澱身心、調節自我。從第一堂課到最後一堂課，我們和瑜伽老師發展師生關係，和其他學員互動交流，種種經驗都會增加幸福感，讓我們用不同的方式探索這個世界。

現代人一味追求快速的萬靈藥，這個答案行不通就接著找下一個。不過，發展韌性需要時間和經驗，必須從無數失和與修復的歷程中慢慢養成。當你發現自己在痛苦中掙扎，那就得安排時間重新與人互動，除了改變關係環境，還需要耐心和時間。

童年時的小創傷，也會阻礙自己變成好爸媽

就我們的理解，韌性是一種能力，經由無數的失和與修復經驗才能培養出來。我們不禁要思考創傷一詞的用法。創傷出現在社會各種面向中，麻煩之處在於，雖然它起因於單一事件，但所造成的傷害會不間斷地反覆出現。可想而知，負面的事件會造成創傷，不過那次傷害會難以癒合，都是源於醜壓力，也就是失和未經修復。我們都說韌性是應用於日常生活中，但許多創傷都是在生活中發生的，誠如法蘭克和琳西的相處過程。

法蘭克小時候跟其他孩子一樣，總是會小小犯錯，例如在家庭聚會上大吵大鬧。這時，父親就會罰他坐在地下室的台階上，以此羞辱他，有時一坐就是好幾個小時。現在法蘭克已經是成年人，也當了爸爸。而他為了解決和十二歲女兒瀕臨破裂的關係，找上治療師做心理諮商。晤談過程中，法蘭克並沒有特別提到童年帶給

他的創傷。然而當年他父親的情緒虐待早已是家常便飯，並融入了他的生命經驗中。

女兒琳西正在青春期，法蘭克反思自己怎麼對待她。他意識到，每次父女爭執時，過往記憶就會湧上心頭，帶給他龐大的壓力，導致他封閉自我。法蘭克一直很體貼又富有同理心，但和琳西爭吵時，他卻一味拒絕溝通。

在晤談過程中，他認知到，自己越來越無法在衝突當下接收到女兒的感受。他和治療師不禁想，琳西叛逆的表現會不會是一種試探，期望爸爸能適當回應自己的挫敗感，幫助自己度過這個成長階段。

每當法蘭克覺察，父女正陷入激烈爭吵時，就會提醒自己女兒不是敵人，並表現出涵容的態度。現在法蘭克懂得停下來深呼吸，試著從女兒的立場想事情。他可以包容青春期的脾氣，也能理解這是過渡期，因為女兒正在尋找自我認同。父女爭執的頻率減低，也不再那麼激烈，琳西再度以她這年紀該有的樣子交談。找回輕鬆自在的親子關係後，法蘭克大大鬆了一口氣。

法蘭克的兒時經歷充滿許多平凡、日常的創傷。他沒有目睹親人被射殺，也沒有因為雪崩失去家人。但法蘭克一直期待父親能多安慰、包容他，而不是一直保持冷漠、甚至羞辱他。這些充斥在日常中的裂痕，長期下來沒有彌補，就會變成永久的創傷。只要琳西的言行勾起法蘭克的兒時回憶，他就會重蹈父親的覆轍，作出情感遺棄（emotional abandonment）的舉動，讓父女關係陷入惡性循環。現在只要法蘭克意識或覺察到親子互動失調，就設法創造修復的機會，引領父女關係朝健全的方向發展。

家人的相處問題應該由全家一起解決

在成長歷程中，時時刻刻、數不勝數的互動形塑了人的內在核心，猶如雨水形塑了地貌。日復一日，在人際交流下，個體理解自我及他人的角度也不斷在改變。若始終用同一種角度去理解彼此，並一再陷入疏離與溝通不良的惡性循環，相處的歷程就會惡化為逆境。

兩歲的梅森和爸爸馬克、提姆就是卡在了這樣的逆境，上不去也下不來。梅森早於預產期八週出生，早療師判定他的「調節系統發育不全」，這意味著梅森在日常生活中會遇到很多問題，包括睡眠狀態難以穩定。每當梅森趴在提姆胸口沉沉入睡後，嚴峻的考驗就來了，得準備「轉移陣地」。把梅森抱到嬰兒床上安置好，至少要花三十分鐘。一定要輕手輕腳，否則動作太急，梅森馬上驚醒，整個人就會抖動。養育梅森比預期中辛苦，但兩位爸爸費心費力、互相扶持，包容兒子的脆弱，善盡為人父的職責。

梅森六個月大時，有一天不小心噎到了。提姆以為他是癲癇發作，趕緊叫了救護車。原來提姆的媽媽患有癲癇症，他小時候好幾次目睹媽媽倒下，往日的經驗讓提姆餘悸猶存，所以懼怕梅森會就這樣死掉。醫生向提姆保證，梅森沒事，也不是癲癇發作，可是這次經驗觸動了提姆最深層的敏感神經。兩人原本都反對和梅森同床，現在提姆卻改變主意了，認為一家三口必須一起睡，馬克迫於無奈只能同意。

進入學步期的梅森，個性活潑好動，不過只要遭遇壓力，過於敏感的調節系統就會發作，影響他的行為表現。任何突如其來的巨大聲響，好比車庫鐵捲門的運作聲音，都會摧毀梅森玩樂的興致，嚇得他跳起來，接著崩潰爆淚。即使已經兩歲多了，梅森還是跟爸爸一起睡。在提姆的涵容態度下，梅森靠著爸爸的身體來鎮定自己脆弱的神經系統。假如爸爸不在身邊，梅森的身體就不知道如何放鬆來好好睡一覺。

這兩年來，提姆一直在家帶梅森，馬克則有全職工作。每天馬克回到家累得半死，晚上和孩子同床又睡得不安穩，他真的受夠了。兩個人為這件事吵得不可開交。

馬克認為，是提姆自己太操心，才要梅森過來一起睡。馬克的爸媽也認為孫子應該自己睡，所以時不時會給馬克壓力，甚至送來了精美全新的嬰兒床。顯然一家人為此僵持不下。

雖然馬克和提姆意見相左，兩個人基本上還是有共識，那就是一家三口的睡覺習慣必須有所改變。兩人諮詢了許多教養專家，對方都建議兩人狠下心，讓梅森在自己的房間睡覺。不過提姆知道，好不容易培養起來的相處模式，花點時間就能改變。首先，他們必須幫助梅森學會自我安定，在沒有爸爸同床的情況下自行入睡。其次，提姆必須正視自己的恐懼心理，他害怕失去梅森，是源於兒時的童年陰影，目睹母親癲癇發作卻無能為力。此外，跟孩子共眠不只影響到兩人的婚姻生活，也影響馬克和自家人的關係，這些事情兩人都要想辦法解決。

提姆並不了解意義建構的概念，但他下意識認為，一定要下決心找出新方法，讓一家三口在就寢時間有嶄新的相處方式。馬克一開始很抗拒，不過提姆說服他這是過渡期，家裡每個人都需要付出時間和心力。

兩人請教兒童身心科醫師後，便嘗試改變睡前和就寢的作息，過程中產生許多衝突。有些夜晚平平靜靜就過去了，有時梅森會哭上好幾個小時，馬克要抱著他來回踱步、還要唸故事書，梅森才會澈底冷靜下來。父子三人好幾個禮拜都沒睡好。不過正因為他們看清家庭失和的癥結，所以才能放心讓自己處在混亂與未知的狀態中。

馬克從小生長在條理有序的環境，自然認為孩子應該守規矩。但有一次提姆必須離開家幾天，馬克突然成為主要照顧者，才意識到養育稚齡幼兒是一場混戰，抽象規則對孩子來說根本沒用。

挺過雜亂無章的過渡期之後，全家人的睡眠作息大有進展。梅森慢慢相信，就算沒有趴在爸爸身上，對方也一直都在。他已經學會靠自己冷靜下來，爸爸不在旁邊也能自己睡過夜。之後他們開始讓梅森睡在自己的房間，睡眠不足、慢性疲勞的症狀也隨之消失。爸爸和孩子的勝任感和效能感都慢慢增強。梅森學會自行入睡，親子關係變得更加堅韌。透過失序的經驗，梅森對睡眠建構了新意義，也了解到他可以和爸爸積極互動、改變相處方式；只要他有需求，爸爸都會適時回應。

要改變兩歲小兒所建構的意義不難，但需要深思熟慮和持之以恆的努力。假如沒有足夠的時間和空間，這條改變之路就會崎嶇難行。我們將在第八章看到，長期下來，僵化的意義不僅會破壞關係，也會持續影響生活。

請試想，在生活壓力和婚姻衝突下，馬克和提姆無力教會梅森自己睡覺，而是直接把兒子丟在房間，兩人關上門繼續吵。那麼梅森會對親子與婚姻關係充滿負面的印象，並深深烙印在他的心靈和身體裡。這些扭曲的意義會不斷滲入到他一生參與的所有關係，包括學步期、學齡期甚至到了成年期，都會受到影響。

從梅森一家的就寢「遊戲」中，我們看到人與人相處的方式如何轉換。當然，「遊戲」只是一種譬喻，不過我們這輩子和家人、朋友與同事的相處方式，也經歷過無數次的轉變。我們將在下一章看到，童年玩的遊戲，不管是娛樂性的，如躲貓貓，或是互動上的，如離家去外地念書，都會印刻在人的心中，陪著我們成長發育。在成年生活中，人際互動如遊戲般，有助個體去了解在特定文化下和社群中的自我。在來來回回的失和與修復過程中，我們學會與他人密切互動，進而建立歸屬感。

第6章
懂得遊戲規則就能找到歸屬感

眼前有一對兄弟檔，哥哥羅藍今年五歲，弟弟奧斯汀十八個月大。羅藍自創了一套遊戲，規則很簡單，從房間這一頭的起跑線衝到對面後跳上坐墊，接著跑回起點。羅藍正在教弟弟怎麼玩，不過重點不在於說明或示範，羅藍只需要帶著奧斯汀反覆進行遊戲，加上幾次無可避免的錯誤就成了。這場跑跳遊戲持續了將近一個小時。一開始奧斯汀不懂要跳上坐墊，反而一屁股坐了上去，羅藍垂頭喪氣地抱頭蹲在地上，不知如何是好。不過沒三兩下，羅藍又振作了起來，繼續衝來衝去、跳上跳下。經過幾次嘗試後，奧斯汀總算知道要跳上坐墊再衝回起跑線。兩兄弟笑得東倒西歪，沉浸在相親相愛的氛圍中。

每經過一回合，奧斯汀就更懂得遊戲規則。不斷享受遊玩的樂趣，除了深化手足之情，兄弟倆更了解到，磨合之後會產生連結。羅藍發明遊戲，雖然奧斯汀不時出錯，但最後兩個人玩得不亦樂乎。過程中的起承轉合，都是弟弟學習規則和玩法的契機，自然而然就能熟悉這項遊戲。

人們時常認為，語言是文化的根基，可是幼兒在習得語言之前就能建構生活的意義，並成為特定文化的一份子。其實，你我和世界互動有賴於眾多身體系統，包括感官、運動、內分泌、自律神經、基因以及外遺傳，而文化就蘊藏在其中。羅藍不是用語言教弟弟遊戲規則，而是兩人一起操作衝刺、摔倒、癱軟等動作。不得要領時，弟弟當然也會有壓力，但在哥哥一步步的引導下，他更理解規則、更融入遊戲中。

廣義來說，文化是集合體，因此人類在日常生活中才有共享的行為、價值觀與目標，換句話說，它是你我在這世上共享的生活方式。成長發育是一輩子的過程，每個人都是經歷了不同的團體，諸如工作、信仰與社區，才找到歸屬感。不僅如此，就連籌組家庭也會產生文化交流。

比方說，兩個年輕人開始求愛遊戲時，總是感到頭暈目眩、小鹿亂撞。同居一段日子後，兩人便一起規劃目標，準備養兒育女。這時兩人的互動規則會越來越嚴謹，彼此都得學習對方原生家庭的文化，新家庭的風貌便因此成形，而有些文化交流轉眼間便水到渠成。

以傑登和齊拉這對夫妻為例。傑登有三個哥哥，再加上父親，全家不僅熱愛棒球和籃球，對足球更是情有獨鍾。他們非常了解這些運動，只要一討論起來，總是知無不言、言無不盡。而齊拉家的共通語言則是音樂。她的父親時常一邊放爵士樂，一邊考她作曲者是誰。不過，談到棒球選手，齊拉就一問三不知。同樣的，傑登連爵士大師戴維斯（Miles Davis）都不認識。有次他說自己從沒聽過小號大師葛拉斯彼（Dizzy Gillespie），齊拉毫不留情地大笑。雖然知道她不是故意的，但傑登感到很受傷。齊拉後來有道歉，也沒有再拿這件事開玩笑，甚至主動跟傑登介紹各式各樣的爵士樂。夫妻倆很快找到一些彼此都喜歡的樂團，聽音樂會成了他們最愛的約會行程。

至於傑登，以前他跟一票朋友去看球賽都不讓齊拉跟。在某個週日，傑登明明有空，卻沒有在家陪太太，而是跑去看足球，這讓齊拉非常不爽。後來傑登特地花時間教齊拉一些運動知識。不久後，看球也成了夫妻倆的共通興趣。

不過兩人其他的文化差異則需要長時間磨合。齊拉是獨生女，一直無法融入傑登的大家庭，尤其是他家人喜歡隨性聊天、打打鬧鬧。從小到大，她都習慣認真地一對一與人互動，還能夠坐下來好幾個小時，專注討論嚴肅的時事。

某年，兩人回傑登老家過感恩節。一夥人在後院玩橄欖球，齊拉覺得自己格格不入，吃晚餐時還得快狠準，否則最喜歡的菜餚一下就沒了。一整天下來，齊拉覺得自己既尷尬又焦慮。

傑登到岳家吃感恩節晚餐時，也是渾身不對勁。眾人在餐桌上高談闊論好幾個小時，但傑登在一旁手心直冒汗，身體不由自主地顫抖。倘若這段關係要能有所成長，夫妻倆與對方家人相處時，要學著調節自己那不上不下的心情。

齊拉和傑登都會自己想辦法來處理這些五味雜陳的心情，比如各自和家人、朋友抱怨、吐苦水。不過他們也逐漸發展出一項例行活動，就是在家庭聚會後一起去慢跑。雙方家人的言行勢必會挑動兩人的敏感神經，可是在運動之後，他們就能冷靜下來去聆聽對方的心聲，而不是被情緒帶著走，一言不合就大驚小怪或拒人於千里之外。

傑登與齊拉迎來第一個孩子後，雙方不同的家庭文化讓情勢更複雜。夫妻倆在教養方面算有具體共識，都想延續原生家庭的某些價值，也想拋棄一些不合適的觀念。齊拉從爸媽身上學到，從小培養孩子的求知欲十分重要，家人之間在情感上也應更依賴彼此。她希望小孩長大後個性隨和而有包容力，就像她在傑登家人身上體會到的親和力。傑登則看重手足間緊密的情誼，可是他不希望兄友弟恭變成義務，進而變成負擔，畢竟傑登自己就是過來人。儘管兄弟姐妹都長大成人了，有了各自的家庭和責任，大家觀念還是很死板，想繼續維繫家裡的傳統。每次聚會都好像迫不得已的工作，每個人都心口不一。

傑登和齊拉必須攜手構築一套新規則，才能創造自己的家庭文化，但又談何容易。原生家庭的文化不只存在於人的思想與觀念中，甚至深嵌在身體裡。倘若我們想以嶄新的家庭文化去生活，勢必要走過混亂的磨合期。可是，只要人們能正視、處理衝突，就會產生能量，讓自己更加適應新文化，最終與家人和伴侶互相扶持、相愛一輩子。總之，去吵架就對了，然後設法化解衝突。如此一來，你和伴侶就會逐漸有共識，關係更上一層樓，新家庭也會更穩固。有這般的心理準備，就可以為自己省去不少麻煩，甚至可以挽救瀕臨破裂的婚姻。

從遊戲中學會人際關係的互動模式

我們降生到世界時一無所知，必須從零開始，透過環境脈絡，學習世間事的運作模式。無法預先適應，也無從預知。一生下來，就必須在特定的文化框架下學會與他人共處。那麼人類是如何從一無所知到略知一二？

溫尼考特很清楚，遊戲玩樂對人類發展有至關重要的作用，他說：「唯有在遊戲及適應過程中，獨立的幼兒或成人才能受到刺激、發揮創意，澈底展現自我性格，而唯有發揮創意，個體才能探索自體。」[1]溫尼考特不是鼓吹家長帶小孩去逛玩具店，而是讓他率性自發而且不假思索地玩樂，不用帶著任何特定目標或意義。

遊戲的力量為何如此強大？其實，玩遊戲會用到人體不同層次的系統，包括動作、情感、記憶、時間感、偶發性、能動性以及專注力。幼兒不斷和他人打成一片，讓這些系統獲得能量與外部資訊，其自體感同時也在發展。系統與自體感交互作用，幼兒便能設計行為以應對周遭環境的人事物。

在積年累月的遊戲中，我們會不斷吸收嶄新的社交意義。隨著成長發育，日復一日，人會投入或發明形形色色的遊戲，再從中蒐集和處理環境資訊，形成鷹架來支持個體的社會自我（social self）。不論是參加團隊運動、組建家庭、換工作或是移民，只要深入了解幼兒如何產生歸屬感，我們就能學著去找尋屬於自己的一方天地，以及面對過程中可能遭遇的挫折。

成為大一新鮮人時，我們總要在迎新活動上學習團康舞蹈，一如家中初來乍到的幼兒，都是在全新的社交環境中建構意義。腳步踉蹌、跳錯舞步或跟不上節拍在所難免，不過隨著一次次練習，彼此就會逐漸踏出整齊一致的步伐。正因為一開始處於混亂失序的狀態，眾人才能學著相互交流、共創意義，最終的成果才會顯得無比甜美。

大部分的家長都會跟寶寶玩搗臉躲貓貓的遊戲。一開始大人必須自己演完全套，既要嚇人、又要做出被嚇到的樣子。而寶寶總是在狀況外，很多反應都跟遊戲無關，既不會看著爸媽，不然就是把玩自己的鞋子或盯著手掌不放。他們狀態不穩定，行為紊亂多變，且不具備任何動機或意圖。不過只要反覆玩遊戲，寶寶就會慢慢注意爸媽的動作，開始期待「真面目」亮相的一刻。如此一來，某些混亂失序的反應就會慢慢消失。

重複遊戲的次數越多，寶寶越能抓住互動的節奏。他能預期到，爸媽揭開真面目的瞬間，要用雙手遮住自己的臉。寶寶懂得這個遊戲的玩法後，既能當嚇人的一方，也能當被嚇的一方。觀察對方的動作，他就知道要調整自己的反應，也就是說，他理解遊戲的次序與節奏，並能猜測對方的意圖。雙方在遊戲中不斷互動，等到有默契後，寶寶也澈底融入其中。

嬰幼兒不會無師自通，必須依賴年紀較大的孩子或成人提供鷹架支持，才能嘗試玩遮臉躲貓貓的遊戲。同樣的道理，幼兒也是以此學習各種生活技巧。舉凡洗澡、換衣服、吃飯和睡覺等活動，都是幼兒日常生活的遊戲。在日積月累下，他們反覆進行無數次練習，從而學會這些遊戲的玩法，並發展出一套學習和玩樂模式，專屬於自己和某個對象。

與特定對象交流的成功經驗，譬如玩遮臉躲貓貓，能讓寶寶打從心底知道，自己能修復關係的裂痕。寶寶還沒有學會語言，而是用身體意識到這件事。即便如此，它的能力也是十分強大，有助於寶寶發展出信任感、安全感與安定感。若幼兒能反覆地修復裂痕，長期下來就會隱約明白，內在的失調狀態可以改變成正向情緒，並發現許多怪事其實沒那麼嚴重，是可接受的。

從遮臉躲貓貓的遊戲過程，正適切地反映出，人生歷程有起有落，人際關係也總是分分合合。經過一次又一次常見的互動遊戲，嬰兒發展出內在核心，也就是溫尼考特說的「繼續如是」。

在一系列實驗中，我們援用面無表情的相關理論來探討，在大腦發展出抽象思考的區塊前，遊戲如何幫助嬰兒建構意義。[2]我們想了解，在具備語言能力前，人際關係在嬰兒的大腦及心智中如何呈現出來。首先我們讓母嬰面對面，找出專屬於各組受試者的遊戲，包括觸覺活動、輪流發聲，或一搭一唱《小豬上哪去？》（*This Little Piggy*）。透過面無表情實驗，我們試圖回答這個問題：「嬰兒是否會運用他專屬的遊戲來引起媽媽的注意？」結果我們發現，人類必須透過某種方式，記住與對方相處的特定模式，也就是關係記憶（relational memory）。

在某次令人印象深刻的迭代（iteration）[3]實驗中，母親一邊拍手一邊興高采烈地唱歌：「如果開心你就跟我一起拍拍手！」只見她拉起男嬰的雙手，手把手地示範規則；接著實驗人員指示母親要擺出撲克臉。男嬰無法透過語言去理解媽媽反常的行為，可是他想跟媽媽一起玩。他低下眼看了看自己的右手，慢慢地把身體一側的右手舉起來，看得出來相當吃力，然後舉起左手，雙手輕輕拍了一下。接著，面無表情橋段結束，媽媽旋即報以溫暖的笑容，伸手包覆男嬰早已交握的小手——他賣力付出總算有成果了。

年僅九個月的寶寶大腦發展還不夠成熟，沒有辦法用語言去思考：「我要跟媽媽一起玩遊戲，現在我要拍手引起她的注意力。」雖然無法進行有意識的思考，更不知道歌詞的含義，但是從男嬰的舉動來看，他和媽媽的關係透過這首歌銘刻在身體和大腦中。為了刺激母親做出回應，男嬰大腦的運動聯合區傳送出運動神經元，通過腦幹傳到脊髓，再由脊髓將指令送至雙手的肌肉組織，最後做出拍手的動作。這一連串精心策劃的運動，不是由負責語言和抽象思考的大腦區塊發起，畢竟那些部分都尚未發展成熟。換句話說，男嬰的連結動機存在於大腦更深層的結構中。

透過實驗，我們證明了男嬰的能動性，見識到他能透過影響環境來創造正向經驗。能動性不是以語彙或思考的形式存在，而是透過和媽媽遊戲時的動作，印刻在男嬰腦海中。幼兒在成長過程中，與照顧者經歷無數次的遊戲與互動，人際關係就是以類似的方式體現出來。

各地禮儀不同，但都是透過交流互動在培養感情

七〇年代，我們派出一組研究人員到肯亞西南方一處人口稠密的高地，專門研究班圖語系（Bantu）古西語（Gusii）農業部落的親子關係。[4]這項研究計畫獲得美國國家科學基金會（National Science Foundation）補助，由人類學家勒范恩（Robert LeVine）領軍。勒范恩碩士時期的研究專長就是古西語民族的信仰體系，他和同儕

很早就開始實地考察不同文化。在過去，觀察五分鐘已經是創舉了，今日我們又更進一步以天為單位，全天候觀察並側錄當地孩童與成人的互動。研究團隊付出時間和當地人搏感情，最後總算能打成一片。

有別於西方文化，對當地人來說，對視（mutual gaze）有特別的含意。在古西語的信仰體系中，邪惡之眼（evil eye）是最核心的概念，而人脆弱的時候被看見非常危險。因此，在他們的人際關係中，凝視對望是非常嚴肅的行為。所以我們相當好奇，在古西語文化脈絡下，嬰幼兒如何學習打招呼與問候等禮儀。

在部落中，母親和幼兒問候彼此的方式比較冷淡，不像北美地區的親子互動那麼熱絡。母親關心孩子時，未必會看著對方的雙眼，交流時的語調也較為冷靜，少有情緒波動，孩子也不會注視著大人。雙方都不會表現出興奮或強烈的情緒。

其次，古西語部落的成人跟幼兒不會面對面玩遊戲，這點也跟美國文化有所不同。美國家長屬於對話型，習慣把孩子視為互動的夥伴。當時我們要求部落母親面對面和孩子交流，她們看著我們的眼神彷彿在說「你們傻了吧」，不過她們還是照做了！

之後我們放慢實驗影片，來分析部落母嬰的互動方式。嬰兒微笑凝視媽媽的雙眼時，後者就會轉頭看其他地方。在西方文化下，大多數的母嬰互動時會看著彼此。而部落媽媽撇過頭後，小寶寶也看向別的地方，臉上的笑容隨之消失，看來十分喪氣。嬰兒原本想藉由微笑和凝視來表達「我想交流」，可是媽媽透過肢體動作回應「我不想」，準確來說是不想用眼神交流，於是彼此的互動就出現障礙。

部落母親為何要撇過頭看其他地方？直視雙眼、熱情問候、獻殷勤和表達心意，都不是他們的風俗，在此文化薰陶下，母親的行為模式已然定型，所以不習慣回應新生兒燦爛的笑容。

既然如此，媽媽和嬰兒要如何相互協調，找出彼此的相處模式。我們原先假定，嬰兒會和照顧者一起摸索，順其自然、共同創造出符合當地文化的相處模式。其實，部落嬰兒學習社交的方式跟其他地方一樣，都要靠自己設法與照顧者互動，一點一滴摸索，以學習他們社會的禮儀。

他們不斷累積互動經驗，並從中找出規律，最後就能適應部落特有的冷靜問候法。只要反覆練習，嬰幼兒就能融入那獨一無二的文化。

不只是古西語部落，各個族群都有特有的禮儀。這也說明，在不同文化環境下，個體會產生獨有的生活與生存方式。在北美地區，若有媽媽常常不跟自己的小孩對眼交流，臨床治療師就會擔心親子關係是否出了問題。相對的，要是部落醫師看到地方媽媽們像美國人一樣，用熱絡的方式跟孩子互動，肯定也會認為情況有異。重點是，雖然西方世界和古西語部落的禮儀差異很大，但親子關係都一樣要培養。反覆經歷失和與修復，彼此才能學會和對方相處。在孩子成長過程中，互動會變得更加複雜，親子關係也會更密切。不管在哪種文化框架下，這些互動都能激發孩子的成長動力。

人際交流就像打網球，需要透過非語言的默契行為

我們在成長過程中參與的社交遊戲，最終會形成我們的人際關係。二〇一八年，有場科學研討會名為「二元性的終結」（Duality's End），旨在討論大腦結構與心智發展的關係。[5]現在有越來越多研究顯示，心智（有意識及無意識的心理歷程）與大腦（處理這些歷程的神經組織）的區別並非「天經地義」。

我們通常以為，人與人必須在有意識的思考下，用語言文字才能溝通。所以你會一些詞語形容和伴侶的關係，如「感情好」、「常吵架」或更複雜的描述。有的人會說：「我媽大多時候都在工作，常常給我一種距離感，不過有時候她又會把注意

力都放在我身上。」在這段描述中，當事人用文字呈現了這段關係。可是誠如前述，人類除了用頭腦思維人際關係，身體的各個系統也會感受到人與人的交流。在無數次的互動遊戲中，社交經驗嵌入大腦和身體。舉例來說，足球員鮮少透過語言溝通戰術，而是以身體記住彼此的互動模式，以此達成分工合作。由此可見，身體會記住各種不同的人際關係。

我們之後會在第八章討論到，有些家長患有憂鬱症或者容易讓幼兒恐懼，便會造成異常的互動經驗。而孩子的大腦和身體也會意識或無意識地記住它們，而且日子越久，在關係和互動中的影響力就越大。

舉例來說，接受伴侶治療後，蘭娜才恍然大悟，過去和母親的病態互動方式，轉化成她和先生安德魯相的處模式，形塑了她的婚姻關係。不過了解和改變是兩回事，光是從語言和思考下手並不足以扭轉現況。蘭娜和治療師一起合作，透過個案概念化（case formulation）[6]的技巧以及個人敘事，找出自己出現特定反應的成因。在治療過程中，她得不斷停下來思考，如何表達自己的想法，以解決婚姻問題。這實在太花時間了。蘭娜總是向治療師抱怨晤談時間太短。

透過心理治療，這對夫妻能暢談相處時的感覺，除此之外，他們還需要一種互動方式，而且不需要言語與說明。社交舞成了重要媒介，讓他們用另一種方式彼此協調，並學會用不同方式密切交流；過程中無須有意識地思考、談話。一開始，夫妻倆笨手笨腳地學習舞步，看著對方出糗而開懷大笑。最終，他們能跟隨舞曲踏出一致步伐，夫妻關係也更加親密。

學打網球時，要先學握拍和發球，眼睛要隨時鎖定球的位置。學會基本技巧後，就不用特地記住動作的順序，因為它已烙印在你的身體和腦海。打網球跟打招呼有異曲同工之妙，都牽涉到默契性的關係認知（implicit relational knowing），也就是說，彼此不斷以規律的方式互動，而且全程都在意識覺察之外。這個概念出自於波士頓蛻變過程研究小組（Boston Change Process Study Group），其成員包括本書作者楚尼克、桑德（Lou Sander）、哈里森（Alexandra Harrison）和斯特恩（Dan Stern）等諸多心理學家。研究小組定期召開會議，以討論親子關係、成人精神分析等領域。布魯納以螞蟻和蜈蚣的寓言來說明默契性的關係認知。有隻螞蟻被蜈蚣逮住了，知道自己命不久矣，於是拜託蜈蚣回答牠一個問題。蜈蚣答應後，螞蟻便發問：「你的第二十三隻腿為何知道第五十七隻腿的動作？」蜈蚣陷入沉思，頓時一動也不動，螞蟻便趁機逃走了。[7]

有的人多年來握拍方式都不正確，需要經歷許多錯誤，反芻失敗的經驗，才能融會貫通，學會新的握拍法。若每一次擊球都要停下來思考，以確認握拍方式無誤，那一球也打不了。由此可見，打球時必須當下有反應，那是種非語言的溝通。所以，要改變病態關係，除了把語言當成認知基礎，還需要親身去經歷雜亂無序的人際互動，如此才能摸索出嶄新的相處方式。這一點在職場生活特別重要。

職場上更需要犯錯與衝突的空間

接觸新工作勢必要花時間摸清規則，而且絕對免不了犯錯出糗。有些職場文化相當鼓勵員工犯錯，從中吸取教訓然後繼續前進。

艾略特是社會新鮮人，剛進入一間劇團的技術組工作，他成日擔心自己會因為出錯而搞砸飯碗。上工十天後，艾略特的惡夢成真了。新劇需要一個超大櫃子，於是他和技術組同事菲爾把它從倉儲大樓運到片場。他們把櫃子綁在卡車上，誰知道半路上它開始傾斜。菲爾把車停在路邊，艾略特趕緊下車去拉住繩索，可是他力氣不夠，在重力加速度下，沒幾秒就滾下貨車了。只見一塊板子掉在幾尺遠的地方，另一側的木板還撞出一道凹痕，這簡直把他們嚇壞了。所幸櫃子沒有摔得稀巴爛，他們重新把它綁上貨車然後運到片場。他們支支吾吾地交代事情始末，老闆一氣之下說：「你們幹了什麼好事？」但他馬上發現自己太激動了，趕緊補了一句：「這種事我也幹過不止一次。」他蠻不在乎地聳聳肩，彷彿這只是個微不足道的意外。

從那一刻起，艾略特覺得自己儼然是團隊的一份子。雖然犯了錯，他和同事一起扛下來了，也發現犯錯的「後果」沒那麼嚴重。他深刻體會到，自己屬於劇場技術組的一員。他越來越投入，更覺得自己有能力勝任這項工作。他承擔更多責任後，團隊的整體效率也大幅提升了。

在職場上，我們會遇到各式各樣的人，每個人對衝突的容忍度不盡相同。有些人不大喜歡跟同事一來一往、交流討論；有些人習慣找同事設法解決問題。其實，能夠享受團隊合作的人，也更能獨立完成工作。不過如果上司過於剛愎自用，員工就很難對職場產生歸屬感。

拿亞瑟為例，他是一家新創公司的管理高層，最近公司打算拓展新業務，而多年老友賽斯正好是那方面的熟手，所以亞瑟大力挖角，請他過來一起打拼。賽斯對於在朋友底下做事多少有點遲疑，不過最後還是放下顧慮，順從內心的渴望，抓住機會踏出舒適圈，期盼能與新同事激盪出不同火花，進而有所成長。

過去賽斯和亞瑟常常相約組隊去玩飛盤，他們對彼此很包容，也很享受這個競賽遊戲。不久後，賽斯發現亞瑟從職場上學會了另一套規則，整個人都變了。亞瑟的直屬上司就是這家公司的老闆，個子不高，管理風格倒是相當「高壓」。老闆一言一行都有一種高高在上的感覺，不鼓勵對話，也不喜歡員工有不同意見，他說什麼就是什麼。這種階級分明的職場文化滲透公司各個部門，現在亞瑟多了一個下屬，就算這個人是自己的多年好友，也跟他保持距離。

有一段時間，賽斯還能適應與亞瑟共事，兩人有商有量還算能互相體諒。誰知道某天副總無預警離職，突如其來的人事變動，導致公司的權力結構失去平衡，亞瑟和賽斯的從屬關係頓時變得明顯、黑白分明。亞瑟非得掌控賽斯的一舉一動，久而久之，賽斯便看清，自己在這裡沒有進步空間，便辭去了工作。

賽斯搬家後找到了更適合的棲身之所，在那裡他可以放心大展身手。前公司的問題亞瑟沒發現，賽斯卻看得明白。那邊的職場文化不能忍受分歧與不同意見，所以欠缺活水源流，無法成長茁壯，自然無法生存。事實證明，賽斯的看法沒錯，亞瑟的公司沒幾年後就倒閉了。

透過玩遊戲來摸清孩子的個性

這天賈碧和史蒂芬出席大兒子馬克斯的大學畢業典禮，儀式開始前，他們突然有感而發，想起一段往事。以前夫妻倆都是廚師，還沒生馬克斯之前，每天固定工作十四個小時。賈碧還記得，生產後從醫院回家那天，她把兒子安置在床上後，轉頭問史蒂芬：「接下來怎麼辦？」

新手爸媽不但要細心照顧這個初來乍到的小人類，還要學習怎麼和他打好關係，這簡直就是不可能的任務。兒科醫師布列茲頓被家長和專家稱為「嬰兒口譯員」。數十年來，他看盡新手父母的焦慮，也傾聽他們的煩惱。他們總是在問：「要怎麼了解寶寶的個性和脾氣？」

「跟他玩就知道了。」布列茲頓在一場訪談中回答了那道難題，幾年後以高齡九十九歲離世。[8]他是兒科醫師，也身為人父，他在經歷無數次的親子互動後體認到，每一個小寶寶來到世界時，都是帶著與眾不同的秉性和溝通方式。他發明了新生兒行為衡鑑量表，這是他認為對世人最大的貢獻。[9]依照此量表，家長能以遊戲的方式，觀察嬰兒對環境的反應，並在理想狀況下促進親子關係。這些菜鳥爸媽開心地看著寶寶躺在自己肚子上做出俯爬（crawling）動作，一邊驚呼：「他的手腳好有力！」[10]他們還發現，只要讓寶寶熟悉玩具小鼓的聲音，就算有人在旁輕敲一兩下，他依舊能安穩熟睡。寶寶能自己好好睡覺是一種成長指標，對此父母都會感到不可思議。

二〇〇七年，波士頓兒童醫院布列茲頓研究所（Brazelton Institute）的創辦人紐金特（J. Kevin Nugent）博士及其同事以新生兒行為量表為基礎，研發出新生兒行為觀察參考指標，旨在幫助新手爸媽與新生兒培養健全關係。[11]新生兒參考指標不是一種評量測試，而是一套工具系統。紐金特參考布列茲頓放在盥洗包的用具，運用十八項物品刺激新生兒反應，藉此整合嬰兒在互動過程中的行為表現，幫助家長了解，新生兒在抓握反射、感官刺激及壓力調節方面的能力。這十八項物品象徵家長對孩子的好奇心，更代表孩子從混亂、不知所措到投入世界玩耍的進程。這套工具系統不光是對產科護理師、兒科醫師、泌乳顧問、早療醫護人員的工作大有助益，就連新生兒的手足和其他家庭成員也能親身參與觀察過程。

舉例來說，妲拉和卡洛斯即將迎來家中第二個小生命，但是兩人心中的不安卻遠勝於欣喜之情，因為三歲的大兒子羅南毫不客氣地表示，自己不歡迎新弟弟的到來。羅南一直很黏媽媽，就算只是分開一下下也不行。一家三口已經有固定的互動模式，卡洛斯夫婦實在很難想像，二兒子的到來會對這家人帶來什麼改變。

這天羅南第一次到醫院探望媽媽和弟弟雷伊，正好碰到產房護理師葛拉絲，她來確認妲拉和寶寶的狀況。葛拉絲發現，羅南一直黏在妲拉身旁，淚流滿面，表情十分痛苦。妲拉緊緊摟著羅南，卡洛斯則神情緊張地坐在一旁的椅子上。

葛拉絲將搖籃推到妲拉床邊，對羅南和熟睡的雷伊說話。此時雷伊醒了過來，葛拉絲拿出一顆紅色小球。這顆球是定向物品（orienting item），用來測試嬰兒對特定物品、聲音和人臉的喜好，即使是剛出生幾小時的嬰兒，也會有所反應。葛拉絲開始示範，雷伊的眼睛如何緊緊跟著這顆球。羅南漸漸放鬆下來，臉上出現一絲好奇的神情，身體稍稍離開了妲拉一點。

接著葛拉絲拿出塑膠盒，對著羅南說：「你要不要幫幫我？」羅南猶豫了一下，然後離開妲拉身邊，邁開腳步走向搖籃。羅南仔細端詳這個新來的小生命。在葛拉絲的教導下，他輕輕搖動塑膠盒，這是用來觀察新生兒的聽力及定位聲音的能力。雷伊一聽到聲響，旋即轉向聲音來源，羅南也在這一瞬間破涕為笑。妲拉和卡洛斯總算放下連月來的擔憂，鬆了一口氣。夫妻倆在這一刻預見到，未來一家四口應該會過著其樂融融生活。

以前是用鑑測的方式來評估嬰兒的表現，現在則採用開放式的觀察。從孩子出生起，透過多種遊戲，我們讓親子及手足自然體會到，人與人互動一定會有摩擦，但可以學著修復關係。如今還是有許多家長期待，能擁有完美契合的親子互動，因此搞得自己焦頭爛額。其實，只要醫師能夠付出時間，傾聽家長的心聲，了解新生兒的一舉一動，就能以身作則告訴家長：親子互動時得失心不要太重，唯有照顧者和嬰兒攜手摸索，才能找出彼此的相處之道。

新生兒神經系統尚未發育成熟，容易表現出紊亂的行為，所以和小寶寶交流玩耍不只要花比較多時間，也要特別專注，所以壓力太大的家長就很難做到。為人父母的壓力百百款，如孩子難帶、事業家庭兩頭燒，往往都是主要的壓力來源。此外，家裡有磨擦，有經濟問題或是單親狀態，撫養孩子的負擔就會很大。該如何化解壓力則因人而異，有些方法有助於親子適應現況，有些方法則可能導致親子疏離。

現在很多家長轉向3C產品，用它們來排解壓力，不光是自己用，也給小孩用。客觀來說，這種做法沒有絕對的好壞，主要還是得看這對關係帶來的影響。我們可以想想，不使用科技產品時親子如何互動，或用它們來促進親子關係。透過那一片螢幕，你是否能獲得喘息空間，化解在社交互動中感受到的焦慮與無助？這股助力什麼時候變成阻力，讓你逃避社交互動，只想躲在螢幕背後？我們在第七章將討論到，科技如何阻礙人與人的正常交流，影響親子關係及日常生活的其他面向。引用面無表情的相關研究，就能理解科技對人際關係的正負面影響。我們也會提出降低傷害的方法。

第7章
科技生活如何讓人與人變得疏離

智慧型手機如此方便，廣為社會大眾接受，導致許多人對社交媒體成癮，儼然成為流行病。家長在教養孩子時，也屢屢出現分心行為[1]就連ＡＤＨＤ也從小兒領域「跨足」到成人精神科，許多成年人被診斷有「成人注意力不足及過動症」。不少聽過或接觸過面無表情實驗的人不禁猜想，對於正值發育階段的兒童來說，家長頻繁使用手機，就像實驗中暫時冷漠的母親一樣。可是，在實驗中，母親雖然面無表情，但沒有分心。對嬰兒來說，即使母親觸手可及，感覺上卻消失無蹤，彷彿不在現場。嬰兒無法理解為何對方態度突然轉變，也無法根據情況建構意義。

在暢銷書《重新與人對話》（*Reclaiming Conversation*）當中，作者特克（Sherry Turkle）引用了一項有趣的觀察研究。專家發現，在速食餐廳裡，許多家長都沒有跟孩子互動，態度有點冷漠：「親子面對面坐著，不過大人很少關注孩子，滑手機的時間還比較多。」[2]這些孩子態度變得消極、疏離，甚至開始大吵大鬧，極力吸引家長注意。特克明確指出，這是兒童在和手機較勁：「這些小孩意識到，自己無論如何都無法擄獲爸媽的心，讓他們放下手機。」接著特克引用面無表情實驗，來解釋這種疏離氛圍：「家長那張面無表情的臉孔，導致親子無法面對面交流。孩子先感到煩躁，然後開始退縮，最終變得鬱鬱寡歡。」感謝特克在書中引述面無表情研究，可是我們必須說明，在原版的實驗中，嬰兒最後沒有變得鬱鬱寡歡。其次，撲克臉母親和低頭族爸媽在本質上有所不同，低頭族根本沒空理小孩，親子連面對面互動的機會都沒有。重點是，這些家長滑手機時並非「面無表情」。

看到爸媽在自己面前滑手機，孩子會在心裡建構出什麼樣的意義？他會認為，爸媽把注意力放在自己以外的事物。這種狀況很常見，家長結束整天工作回到家，第一件事是準備晚餐，而不是陪孩子一起玩遊戲。家長用電話聊天時，孩子看得見他的表情、聽得到他的聲音，會覺得對方把注意力放在自己以外的事物。老一輩的父母大多記得，家用電話還很流行的年代裡，只要他們一舉起話筒，原先自己玩得不亦樂乎的孩子，就會突然跑到身邊，非要父母把全副心思都放在自己身上。如今，形形色色的3C產品當道，對來孩子來說，爸媽一直關注自己以外的事物，會有嚴重的失落感。

了解面無表情與低頭族的差異，有助於我們洞悉日益嚴峻的科技成癮問題。家長滑手機是分心，而不是消失。現代社會人手一支手機，無時無刻吸引你我的注意力。除此之外，手機和家用電話實在沒有太大不同，只要家長分心，孩子都會產生失落感。兒童怎麼看待父母滑手機，其意義取決於早期的親子互動方式。

看到家人或伴侶分心，你會有什麼反應，取決於你過往的人際關係。看到朋友滑手機，有的人會自己找事做，有的人會覺得苦惱，還有人會認為對方要拋棄自己了，於是情緒潰堤，如同第一章提到的珍妮佛。根據面無表情的相關研究，這三種反應有其成因。有些人從小就得不斷澄清自己的想法，重新調適心情，長大後就比較少出現失調或崩潰的反應。有第二種反應的人，吵架後不常與人復合，所以很容易出現悲傷、焦慮或憤怒的情緒。第三種人很少與人有衝突，更不知道如何修復，則需要不斷藉由交流，來維繫自我的完整；倘若對方的陪伴是斷斷續續的，他們就會變得茫然無措，最後被龐雜的情緒給淹沒。

與伴侶和親友相處時，對方滑手機、收郵件或任何分心的舉動都會令人產生疏離感，而伴隨而來的壓力有多大，要回溯到你過往的人際關係。倘若你也選擇滑手機來緩解情緒，那麼關係就會陷入惡性循環。這麼一來，不但焦慮感會上升，交流的契機也會被剝奪，你內心無法獲得慰藉，關係也就更加疏離；接著焦慮感繼續上升，你又忍不住看著螢幕取暖。

其實，最基本的癥結不是科技產品，而是無孔不入的人際壓力。研究人員在速食餐廳裡觀察到的那些母親，其實默默承受不少壓力。事實，那些疏離狀態，正是源自於親子間年深日久的相處問題。

新生兒出世，家長得忙著照顧，若還有其他孩子得照料，他們就無力招架，於是無法給足幼兒所需的互動與陪伴。此外，兒童的自我調節力尚未發展完全，所以比較難照顧；動不動就發脾氣，睡眠模式也不規律。家長也跟著睡眠不足，還時常與孩子陷入對峙，於是壓力就更大了。他們無法在情感上好好陪孩子，所以孩子的問題行為更嚴重，情緒也更不穩定。失控的孩子帶給家長龐大的壓力，為了讓自己得到安慰，且能心平氣和地面對孩子，所以他們投入科技產品的懷抱，最後離不開手機。

滑手機不是問題的成因，而是其後果。親子在長期相處的過程中，不斷累積衝突又沒有修復，所以才有這種疏離狀態。我們將在第九章詳細討論到，科技成癮的解方不在於限制使用次數，而是特克所提倡的：接受現實，面對面地與人好好互動。

要解決 3C 產品成癮的問題，先從親子關係著手

二〇一七年五月，法國《世界報》（*Le Monde*）刊登一篇文章指出，逐年攀升的兒童自閉症人數與家長使用手機有關。[3]該文作者假設背後的原因是，家長將注意力轉向電子通訊產品，導致孩子不斷面對撲克臉的家長，親子極少互動。特克也在書中提到這個問題。她認為，現在不少家長擔心滑手機和亞斯伯格症候群有關（此類症狀與其他發展問題統稱為自閉症類群障礙）。[4]

但是，早在手機成癮世代來臨前，自閉症確診者就呈現指數型增長，因此《世界報》該文作者的說法不攻自破。不過，這問題倒是讓我們有機會去檢視，使用手機和自閉行為的關聯。誠如第四章所述，父母和孩子的行為要分開來看，也要去觀察，雙方如何透過日常交流來相互調節。

有些感覺過敏或神經脆弱的孩子，會竭盡所能將世界拒於門外。只要透過手機或電腦螢幕，他們就可以用被動的方式與人交流，不必非得給出反應。他們不擅長社交，所以更會沉溺於其中。然而，面對孩子的封閉行為，家長也會轉而訴諸手機，

以緩解親子疏離所衍生的巨大壓力。更糟的是，家長還可能轉嫁壓力到孩子身上，於是孩子更依賴科技產品來舒緩壓力和焦慮。

兩歲的比利對迪士尼電影《阿拉丁》的所有台詞和歌詞滾瓜爛熟，他和姊姊一起看觀賞時會跟著電影裡的角色手舞足蹈，肢體動作幾乎完全一致。比利總是離不開電腦和電視螢幕，不過這個行為還算可愛。比利長大一點後，漸漸離不開電玩遊戲機，就連全家出門旅遊時他也不肯停手，吉姆和史黛拉夫妻倆不由得擔心起來。但只要父母限制他打電動的時間和場合，他就會大爆走。一家人都在餐廳吃飯時，這種失控爆氣的行為不但會毀了晚餐的氣氛，還會影響到餐廳其他客人。為了不讓比利的姊姊受到影響，夫妻倆通常會睜一隻眼閉一隻眼，寧願忍受其他客人批評的眼光。

後來有位治療師認為，比利應該是患有自閉症類群障礙症，史黛拉和吉姆才了解，兒子沉迷於社群媒體是出於某種症狀。因此，夫妻倆一方面限制比利使用3C產品的時間，另一方面盡力打造適合兒子的社交環境。兒童去玩具店時，受到現場環境影響，他們通常會過度興奮，不過比利到那裡一接觸到音樂玩具，馬上就變得平靜而穩定。從此以後，史黛拉就想辦法透過音樂來調節比利的行為，只要她發現兒子瀕臨崩潰邊緣，就會播放音樂舒緩比利的感官系統，和他一同徜徉在音符的世界。史黛拉發現古典音樂特別能安撫比利，母子倆甚至一起去音樂教室上課。等到比利拿得動吉他，史黛拉馬上幫他報名了吉他課。比利升上三年級後，也開始參加學校的音樂社團。

上中學後，比利對音樂的喜好延伸到了藝術領域，他和一位親切有才的美術老師培養出緊密的關係。比利的畫作充滿繽紛的色彩，主題大多是小朋友在一起遊玩。有賴於他的藝術天分，才能化解從小就難以克服的社交障礙，也能用新的角度去看待自己的童年經驗。多年後，比利發揮自己的藝術天分，成為一名平面設計師，並在家裡打造工作室，自由自在地創作。此外，比利的社交焦慮也隨著時間慢慢緩解，還能夠與人從事有意義的交流。靠著自己的力量，他終於減少使用３Ｃ產品的時間。

比利的故事讓我們了解到，沉迷於科技產品只是表面問題，背後還有更深層的因素。比利以前透過電玩來抒發情緒，讓他得以逃離社交世界，避免感官受到狂轟猛炸。幸好史黛拉和吉姆彼此也互相扶持，形成龐大的支持系統，一家四口才得以挺過混亂的過渡期，成功地與難以觸及的兒子產生連結。假如父母無法攜手解決問題，反而各自轉向手機找尋慰藉，那家人的關係就會更加疏離。

在現實世界裡與人互動，會發生許多棘手的突發狀況，卻能讓人改變自我，在失和與修復中不斷成長。耽溺於手機的螢幕世界，就會沒機會去體驗人際互動中失序的那一面，抱持著僵化的人生觀，無法成長蛻變。

社交媒體不能挽回自尊心

使用手機和壓力、憂鬱及焦慮顯然有所關聯，但是沒有證據顯示，它會直接導致這些情緒問題。[5]手機成癮者會變得自我封閉，不過這個癮頭只是情緒問題的表徵而非成因。紐約亨特學院（Hunter College）心理系教授丹尼絲—蒂沃里（Tracy Dennis-Tiwary）在《紐約時報》發表文章，探討新科技如何造成年輕世代的焦慮：「人在焦慮時會訴諸任何能減緩焦慮的行動。對年輕人來說，滑手機躲進二維世界，就是最有效的方法。」[6]

一項研究也顯示出，自尊低下和過度使用社群媒體有明確關聯。不過，史丹佛大學的心理學家沃格（Erin Vogel）指出，目前還不清楚，是否低自尊的人容易沉溺於社群媒體，或是網路世界會使人自尊心低下。沃格竭盡所能地投入研究，以解開這道難題。7

我們在社交平台上表現的，都是光鮮亮麗的一面。我們很難在限時動態看到，家長一頭亂髮、衣服還有吐奶痕跡的照片，也不會看到夫妻大吵一架後分房睡覺的貼文。在社群媒體上，大家自然只會表現出正向、陽光的形象，讓其他人覺得自殘形穢。沃格找來研究室的學生當受試者，並設計了一項實驗。她和同事創立了幾個幾可亂真的大學生假帳號，並讓受試者瀏覽這些內容。這些虛構的大學生各個身材姣好、面容出眾，他們的好評與讚數也遠超過受試者。實驗結束後，沃格發現大多受試者的自尊都稍微降低了一下。

這項實驗說明，社交媒體多少人會降低人的自尊。不過沃格也意識到，研究者只有觀察實驗時的短暫片刻，假如能夠追蹤成長中的人際關係，檢視受試者的言行，說不定還能發現更多差異。

自體感薄弱的人看到這些假帳號的貼文，應該會很容易受影響，自體感完整的人則比較平靜。因此，把手機當作緩解痛苦的工具，不斷拿自己和他人作比較，自尊反倒會更迅速地跌入谷底。這正是科技必然會帶來的效應。

3C成癮是症狀

從前述的例子不難發現，對於3C產品上癮，這只是症狀，而問題的癥結還潛藏在他處。而且成癮久了，就會變成日常的一部分，除非我們了解它的作用，否則就無法根除病灶，換句話說，行為總有目的，而目的蘊藏意義。在速食餐廳裡，家長用手機來緩解教養小孩的壓力與挫敗感，但親子的互動關係只會越來越糟，難以變得平衡。孩子不光輸給了螢幕裡的世界，更失去了實體生活中的鷹架支持，無法獲得面對面的交流機會。孩子社交行為有問題，又缺乏與父母的實際交流，那親子都會被手機所吸引，把網路世界的交流當作真實互動。人們在情感上遭遇挫敗時，還用科技產品去解決，就會產生複雜的效應。從接下來的個案我們看到，了解其行為背後的目的，才能解決問題。

當科技取代真實互動

美國精神分析師娜芙（Danielle Knafo）以一名個案為例，來說明現代人的完美主義和3C產品有什麼關聯。[8]案主傑克是一個四十多歲的中年男子。前三次晤談中，傑克談到父母長期失和，父親對母親百依百順，但他不希望自己步上父親的後塵。傑克也不諱言對親密關係的渴望。傑克經歷過兩過失敗的婚姻。第四次諮商時，傑克和娜芙醫師分享了最近新交往的對象瑪雅。娜芙醫師記錄到：

傑克發現，只要跟瑪雅在一起，所有的需求都可以被滿足，自己也不會感到委屈。瑪雅如此特別，她明白傑克過去感情上的挫敗，也了解他生活的壓力有多大。傑克任何時候想做愛，瑪雅都百依百順，不會拒絕。

傑克定睛看著我，用非常微弱的語調說：「醫生，我的愛人瑪雅，其實就是我買的情趣娃娃……」

他一邊笑，還左右晃動身體，然後抽出放在膝蓋後方的雙手，猛拍自己的大腿。我恍然大悟：「你是……開玩笑的吧？」

「真的，瑪雅是情趣娃娃。」傑克又說了一次，漸漸收起臉上笑意：「她真的是我的愛人。」

人們總是想逃避關係中的矛盾與衝突，這不是新鮮事。一九四〇年代，米爾斯兄弟（Mills Brothers）的〈紙娃娃〉（*Paper Doll*）佔據單曲排行榜冠軍寶座長達十二週。歌詞提到，自己不需要活生生的女孩，只要有紙娃娃就好，它不會吵架就離家出走，始終都在家守候著自己。

難題來了，科技越進步，人類反倒更加執著於追求完美。娜芙醫師頭一次遇到像傑克這樣的患者，為了熟悉這方面的知識，她開始研究這方面的產品。早期娃娃的是充氣式的，比較陽春，但今日的產品則是非常精美。有一款情趣娃娃名為「真人娃娃」（RealDoll），每具售價高達一萬美元，其製造公司市值更達數百萬美元。現代情趣娃娃在某些構造上與真人並無二致，令人驚讚不已。

經過長期的精神分析治療，傑克總算能夠再度與真人建立關係。娜芙醫師寫道：「傑克有時會懷念瑪雅，畢竟那段日子過得比較輕鬆，沒那麼多社交問題要面對，生活大多在自己的掌控範圍內。」不過在娜芙醫師的幫助下，傑克了解到，幼年的人際關係影響了自己的人生，兩人共同修通過往的經驗後，傑克便準備好接受不完美但真實的人類關係。

為了幫助傑克，娜芙做了很多功課去了解這個產業。她意外發現，還有一款高科技的假嬰兒名為「重生兒」（Reborn）。[9]這個市場大約在一九九〇年代末成形，透過假寶寶，使用者可以體驗當爸媽的感覺。娜芙醫師認為，會購買重生兒的消費者，生命中想必經歷了某些失落事件。在新科技的幫助下，重生兒有體溫，也會呼吸、哭泣，感覺相當逼真。娜芙醫師猜想，婦女購買這項產品，是否想安慰潛藏的喪子之痛，或是想化解一些遺憾，包括無法生養小孩或是和孩子有互動。娜芙醫師認識一位人形娃娃藝術家，她說經過七次流產後，發現自己的使命就是製造這些以假亂真的寶寶。

重生兒也許能暫時緩解母親的喪子之痛，但也是一種病徵，表示當事人不願面對哀慟。傑克對情趣娃娃瑪雅的依戀也是一種症狀，顯示他無法與人培養真實的親密感。現在大家還不太了解，其實女性在流產後需要時間和空間去哀悼，這種悲痛與緬懷永遠沒有結束的一天。

從以上兩則跟真人娃娃有關的故事，我們看到，當事人的症狀與問題行為是有意義的，是為了調適某種內在問題。理解行為的意義才能消除症狀，繼而療癒心靈。

如同第五章所示，人與人每分每秒都在失和、修復，在這過程中就能產生足以克服逆境的韌性。在網路世界中，人們只會粉飾太平，所以無法面對面去澄清、修正自己的看法，並學著彼此調適。然而，這些大風大浪都是養分，信任與社交能力都由此生長。只有在關係中，自體感才會越來越充實，才能不斷因應各種挑戰。

隨著療程進行，傑克和娜芙醫生的關係日益深化，也才逐漸了解，傑克偏愛情趣娃娃勝過真人，其實背後有深層的起因。醫生若沒有去剖析此行為背後的意義，只是一味阻止傑克使用情趣娃娃，傑克就無法發展出真實、完整的人際關係。不去了解症狀的功用，就無法發現潛藏的病灶。對3C產品與社交媒體成癮，其實都是某種症狀，理解到這點，我們才能看清，不管是限制使用次數，或是只看健康正向的內容，都是治標不治本，不足以療癒傷口。

過度依賴科技和社交媒體，這種症狀也反映出，現代人傾向做表面工夫，不願面對人際關係中應有的矛盾與衝突。正因如此，我們更應該盡心處理人際關係，才能使問題迎刃而解。

症狀是為了自我調適，包括對3C產品成癮，其實背後都有痛苦與情感上的意義。了解到這些關聯後，就能以嶄新視角解讀人的行為，並且以不同方式面對各種受創的心靈。接下來將探討，當關係出問題、內心受到煎熬時，當事人的言行其背後的目的。生命中總有不可承受之重，所以我們得了解內心煎熬所為而來，而非一味地扼殺。「症狀」就概念上來說，是自我調節和與人交流的能力失效。所以我們不但要有能力安定自己的身心，也要有能力接受他人的撫慰。

第8章 透過新的人際關係重建生活意義

人生在世難免失落迷茫，感覺身心無處安放，彷彿站在崩潰的懸崖邊，再一步就會萬劫不復。早期的生命經驗構成現在的自己，了解這一點，我們才能走上復原之路，無論是六個月大、六歲抑或是六十歲都有痊癒的機會。不良的幼年經驗，會造成個人價值觀扭曲，導致我們看不見自己，也不關心他人，難以與人有密切聯繫，療癒傷口。

透過面無表情的相關研究，我們發現，新生兒有能力調控自我、因應壓力情境。不過弔詭的是，這樣的調控力也會出錯。寶寶的母親若有憂鬱症，他就會設法自我安撫，以彌補照顧者在情感上的不足之處。不過，寶寶因此難以與母親建立關係，所以產生異常的生活經驗。他們錯過了失和與修復的契機，因而無法壯大自我。

為了避免當下受到情緒的折磨，我們會發展出許多種封閉的行為模式。長期下來，這些模式會妨礙自己與他人創建強韌的關係。其實，每個人多少都會有逃避的時候，這是合理的，是人之常情。不過，若想突破僵滯的關係，就要了解這套模式的形成機制，這才有助於你培養健全的人際交流。

拿伯尼來說，他每天都感到很挫敗。他負責帶領一個年輕人的藥癮戒治團體。這些成員每天拼命對抗藥癮，童年也都過得傷痕累累。研究人員逐漸發現，要了解當事人的藥癮問題，童年逆境是非常關鍵的因素；想要幫助患者擺脫藥物濫用，一定要先從他們的幼年經驗著手。

幾週下來，團體的討論話題都非常集中，包括接受輔助治療的難處，或是又被兒童保護機構打回票，所以不能去見自己的小孩。總之，他們只想訴說生活中數不盡的挫折。這些問題並非不重要，可是伯尼認為，眾人如此互相取暖、發洩怨氣，只能解決表面問題。擁有數十年的治療師經驗，他非常清楚，除非患者放開心去感受痛苦的生命經驗，否則問題行為永遠無解。如今，每個成員的生命節奏都僵滯不變、毫無生氣，不管身處何時何地都是煎熬。

後來伯尼想出一個辦法。他在YouTube上看過面無表情實驗影片，本來想給成員看，可是又怕太沉重，最後他決定分享某個教養部落格的文章。[1]該文作者談到，有一種教養方式「人在而心不在」，在這種環境下長大的孩子，即使面對滿屋子的人，也會覺得孤獨。伯尼認為，這篇文章傳達了面無表情研究的精髓，所以他決定唸給成員聽。

伯尼和成員早已建立足夠的信任感與安全感，才能施行這項介入作為。這個舉動成為眾人成長的轉捩點。在文章內容的觸發下，有些成員感傷了起來，想起自己是個失敗的父親。他們談到，自己陪伴孩子的時間總是很零碎，因此內心有深深的罪咎感。

隨後眾人陷入一陣沉默，此時有個年輕男子說：「我就像實驗中的那個嬰兒一樣。」他哽咽了起來，臉上掛滿淚水，說自己從小在家裡得不到父母的關愛，生下來是個錯誤。其他成員靜靜傾聽，男子也放情浸淫在此刻的痛苦中。父母的情感忽視造成他的創傷，所以他不斷提醒自己，一定要好好愛護寶貝女兒。這個男人勇敢地向眾人告白，說出自己內心混亂的一面。這樣自揭瘡疤，搞不好眾人會因此討厭他。但他相信，跟眾人分享心事，彼此就能產生深刻的連結。

從那一刻起，團體的氛圍變了，大家也都勇於卸下心防，分享內心真實的感受。他們漸漸認識彼此，知道每個人都背負著各種的生命故事，有各自複雜的情結。因此，成癮的標籤慢慢模糊，成員總算展開實質的對話，並產生了連結，於是能敞開心房攜手邁向療癒之路。

透過新的人際關係來化解累積已久的情緒問題

面無表情實驗觸動了那位年輕爸爸，也證明了，兒時的逆境經歷會一點一滴摧毀我們的人生。從實驗影片以及無數個相關研究，我們看到，嬰兒和母親互動，就能產生實質的力量，去維繫他自體的完整性。一旦嬰兒失去母親的鷹架支持，他的動作就會紊亂起來，開始揮舞四肢。這個寶寶的身體結構似乎逐漸崩垮，彷彿接合系統的黏著劑失去作用。我們有辦法把整個實驗影片看完，是因為母親很快恢復互動。她的心一回到孩子身邊，彼此的凝聚感就會馬上恢復，而這就是溫尼考特所說的繼續如是。母愛失而復得，嬰兒才能繼續發展自體感與自我認同。

假如這份愛不再回來了呢？嬰兒無法理解為什麼母愛會消失，就會開始懷疑自我存在的意義。溫尼考特以一個老派的詞彙形容失去自體的感覺：瘋癲（madness）。他說：「瘋癲就是，個體的連續性突然中斷。」[2]

從人我關係來理解瘋癲的狀態，我們才得以深刻理解到，情感上的折磨會帶來多大傷害。藥物濫用只是其中一種問題行為。經歷童年逆境後的倖存者，生活中無時無刻帶著這些創傷。了解問題行為的根源，我們才能找出療癒的方法，撫平千瘡百孔的心靈。

飽受情感折磨的人常說：「我撐不下去了。」他哪裡撐不住了？透過面無表情相關研究，我們發現，失去關係上的鷹架支持，生活與生存的意義就會崩解。唯有經歷失和與修復的混亂過程，才能產生韌性以及建構意義和因應變局的能力。缺乏失和與修復的經驗，一遇到困境就會難以掙脫。他們會封閉自我、遠離群體，緊抓著僵化的人生意義，不時感到焦慮和絕望。

當人完全中斷繼續如是的狀態，就會有自殺的意念。二〇一八年春天，兩位公眾人物自殺了，一位是知名設計師絲蓓特（Kate Spade），另一位是名廚波登（Anthony Bourdain）。兩人的死震驚全球，進而喚起大眾對自殺議題的關注。精神分析師弗德曼（Richard Friedman）在《紐約時報》的文章中談到，過去數十年來，心臟病和HIV病毒感染的死亡率逐漸下降，自殺率卻是節節攀升。[3]他認為，學界缺乏相關的研究資金，所以自殺防治遲遲未有進展。「自殺議題之所以長期被忽視，最顯而易見的原因是汙名化，畢竟多數人聽到這個詞就感到憂懼。還有很多人認為，自殺者在性格或道德上有問題，甚至是一種罪行。這麼羞恥的事，當然應該閉口不談。」弗德曼口中的憂懼和羞恥，完全反映出自殺意念者的感受：自體分崩離析，無法建構意義。

新聞工作者懷特克（Robert Whitaker）在〈百憂解世代的自殺風潮〉（Suicide in the Age of Prozac）一文中，試圖幫助讀者理解，即使精神科藥物日新月異，尤其是抗憂鬱劑的普及，仍舊抵擋不住逐年攀升的自殺率。弗德曼將自殺視為醫療問題，懷特克則有不同見解：

> 九〇年代晚期，美國自殺防治基金會（American Foundation for Suicide Prevention）大轉向，唯精神醫學界及藥廠高層馬首是瞻。基金會開始從醫藥的視角理解自殺，並且大肆宣揚這種論述……自殺率就是從這個時期開始逐年增長。我們不禁想問，藥物真的可以治療情感上的折磨嗎？這種策略是否適得其反。[4]

對於自殺這個議題，懷特克和弗德曼有截然不同的觀點，雖然已經超過本書的探討範圍，但有助我們從自我發展和人際關係來理解情感上的折磨。除了從醫藥的角度，面無表情相關研究提供了另一種觀點。誠如我們所見，無論是情感上的幸福或苦痛，都是來自與他者分分秒秒的互動，這些數不盡的經驗與隨之而來的感受，造就了現在的你我。

人際互動產生的幸福感與折磨猶如光譜的兩端。就前者而言，經歷完整的失和與修復過程，我們的世界觀會充滿安全感，認為生活中充滿可信的人。不過在後者的情況下，個體不常與人交流、缺乏修復的經驗，恐懼感就會滋生，難以對自我及周遭世界產生信任感。由這個光譜我們就能了解，在兩個極端之間，就是一般常見的互動模式。與人交流所產生意義，其實會隨時間變化，認識新朋友或到了新環境，我們就有機會回頭去修正過去的人生觀。這個過程若能不斷延續下去，對自我及世界的看法也會不斷成長、蛻變。

情緒問題不該被汙名化，因為它背後有複雜的成因。我們應該體認到，在成長的過程中，與人相處一定會有不快與痛苦，不該視為羞恥的事。我們總是會忽略彼此的矛盾之處，也會錯過修復的機會。在最壞的情況下，有些人從小就無法獲得照顧者的關懷，且鮮少有機會參與社交互動。還有些孩子在人口眾多的寄養家庭長大，與人發生不愉快時，很少有機會彌補關係。此外，衝突延續太久、沒有及時修復，時間一拖久，孩子就無力處理情緒上所受的折磨。

其實，照顧者也是真心想關心孩子，但若他們有憂鬱症、藥物濫用、婚姻失敗等問題，就很容易覺得疲憊與孤單。他們沒有能力培養親子關係，只能用零碎的時間、剩餘的力氣照顧孩子。

有些家長不許親子關係有任何矛盾與衝突，那麼孩子就很難有修復的經驗。還有些直升機父母過度保護下一代，導致孩子無法從失序的關係和錯誤中成長，於是抗壓力與心理素質變差，更不可能發展出韌性。

至於像虎媽這類的權威式家長，要求孩子事事都要符合標準，倘若沒有符合父母的期待，他們就會祭出懲罰。孩子完全沒有犯錯的空間，也沒有機會發表異議，自信心被輾壓過去。父母太強勢的話，孩子從出生沒多久互動能力就會出問題。孩子在成長過程中，甚至會將這種互動模式帶到其他環境，不斷逃避與他人接觸和交流。這麼一來，孩子的發展就會受阻，更不可能培養新的人際關係。

哈洛實驗室裡的幼猴，渴望關愛勝過食物；在各種面無表情的實驗中，嬰兒極力渴盼關注、成人乞求對話；還有本書提及的種種臨床個案……我們一再看到，個人精神上的痛苦可以追溯到幼年時與照顧者的相處過程。只要不斷累積修復關係的經驗，人就會打從心裡對世界保持希望，相信自己可以克服難關。反之，缺乏修補經驗，內心深處就會一直感到絕望，認定做什麼都沒有用。人生所經歷的情感折磨都會變成自己的世界觀，當中有些令人樂觀、有些令人痛苦。事實上，陷入憂鬱情緒的人，會深信自己被困住了、一切都改變不了，也預見不到自己能挺過難關。而焦慮不已的人，會感覺到自體逐漸瓦解，必須堅守某種行為模式，才能維繫自我的完整，他總是心想：「誰知道會發生什麼事，所以最好不要改變做法。」

請不要絕望，下一章我們會討論到，人類有能力改造大腦和心智，而關鍵就在於，在生命各個發展階段，讓自體不斷萌發、成長和蛻變。你的情感源自於你過往與人相處的經驗，即使兒時經歷很悲慘，但只要沐浴在嶄新的人際關係，嘗試面對彼此的衝突、並試著化解，那麼失望、絕望的心情就可以轉變為希望。

經歷流產的母親，需要好好哀悼才能復原

照顧者消失在眼前時，孩子總會疑惑：「媽咪，妳在哪裡？」看到對方回來，孩子才能安心。這些一來一往的自然互動，就是生命的泉源與養分，孩子靠它建構

自體與世界觀，並維持繼續如是的狀態。不過要是分離時間超出幼兒可承受的範圍，他面對未知的情況，焦慮就會更形加劇。對孩子來說，不能理解母親為何消失，就會覺得對方彷彿不存在，那小孩的自我存在感也會動搖。這種感覺遠超出恐懼、悲傷或憤怒，而是全然的自我否定，覺得自己沒有存在感。

看看下面的例子。懷特事業成功，還有兩個孩子。不過，家裡出現一點小爭執，年邁的母親就會出現她一貫的淡漠態度，當下年近半百的懷特就瞬間變回三歲小孩。童年時，父母一吵完架，母親就像罩上了一層悲傷的面紗，頓時變得遙不可及。小懷特非常害怕，只要這層面紗一蓋上，母親就又會消失。

母親的陪伴與關懷時有時無，小懷特難以建構正面的意義，只感覺到無限的茫然失落。成年以後，在妻子和兒子的支持下，他才有能力觀察自己的恐懼，重新理解母親不時出現的漠然態度。懷特接受心理治療，耐心地探索，並迎接生活中的新關係，於是他越來越理解自己。數十年來，母親的淡漠態度總是令他不安，但他內心的恐懼已逐漸消失，自體感也完整恢復。他現在能夠冷靜地去感受當下的狀況以及自己的反應。

母親那種逃避態度，讓小懷特非常困惑，擔心自己做了什麼事傷害到母親。他無法理解母親的反應，所以推斷是自己的行為有問題。這股羞愧感在心中生根發芽，直到數十年後，他才真正克服這股沒來由的情緒。兒時缺乏母愛，懷特受到嚴重打擊，創傷就此駐紮在他的身體裡。

回頭看我們於第三章提到的多元迷走理論。小懷特與母親的互動出了問題，內心感覺到一股深層的威脅，原始迷走神經遂啟動，不再接收任何感官輸入。他還會懷疑自己：「既然我會傷害母親，那是不是也會傷害世界上其他的人？」小懷特既害羞又拘謹，他深深覺得自己最好保持安靜，不要被任何人注意到。

懷特有了自己的小孩後，母親開始和他分享育兒往事，他才理解到為人母的難處，還有自己小時候的樣子。於是，母子關係逐漸往好的方向發展。後來懷特才知道，母親在懷他之前流產過很多次。彼時她根本沒有餘裕去哀悼早逝的孩子，當時也沒有任何協助的管道或平台，好好照顧流產後的婦女，讓她們恢復身心健康。喪子之痛就此淤積在母親的心中。即使後來順利生下懷特，但在他幼年歲月裡，她仍舊無法碰觸到孩子的情感。母親突如其來、莫名其妙的情緒問題，導致懷特無法維持繼續如是的狀態。

加拿大創作歌手麥嘉里格爾姊妹（Kate and Anna McGarrigle）寫過一首歌名為

《腳踏車之歌》（*The Bike Song*），提到幼兒無法跟母親有連結，感到萬分痛苦。歌詞描述道，女性在成年後，對於兒時那種難以言喻、疏離的親子關係，還是感到很困惑。她十分痛苦，盼望母愛降臨，但又理不清頭緒。不難想見，這個女兒淚流不止，看著母親木然的臉龐，苦苦哀求她看自己一眼，想知道怎樣才能得到母親的愛。

懷特的母親未曾完整哀悼早逝的孩子，所以才會有情感缺失這樣的後遺症。她走不出多次流產的悲痛與哀傷，所以必須忍住對懷特的愛，以免想起難以承受的創傷。親子關係失去原本的意義後，變成了一道厚實的牆，將這對母子隔開，從此再也沒有密切的互動了。

帶著好奇心認識自己的孩子

成年之後，我們不時會將錯誤的相處模式投射到伴侶身上，覺得對方不了解自己，或是聽不進去對方的任何一句話。這種模式可能是源自於兒時被忽視的經歷。

通常，兒童會害怕自己的存在感消失，都和被忽視的經歷有關。懷特回頭檢視自己的童年，他發現：「母親心不在焉的當下，彷彿我這個人也不存在。」為什麼這位母親不願參與起伏的互動關係，去認識自己的孩子？也許，在她一次又一次失去腹中胎兒後，這個初來乍到的嬰兒具有替代兒（replacement child）的作用。目前許多線上論壇和流產照護平台，則改用更溫柔的詞彙：彩虹寶寶（rainbow baby）。它意味著，母親挺過流產或嬰兒早夭的暴風雨之後，迎來象徵喜悅與曙光的健康孩子。

喪子是永遠無法弭平的創痛，如果家長沒有時間和環境好好道別，這股憂傷就會傷害活著的孩子。對懷特的母親來說，抽離態度像是一種生存本能，因為親情之愛反而令她想起失去的哀慟，不如豎起阻隔的牆，保護自己免於傷害。

假如父母的關係本身就有問題，還耽溺於長久以來未能化解的衝突，就會看不清孩子的真我。在孩子出生以前，家長就存有許多先入為主的觀念。有個母親在懷孕期間遭到伴侶家暴，只要對方心情欠佳，就會推她去撞牆；她也認為，還沒出生的兒子是來討債的，會欺負她、踢她肚子，「就跟他爸沒兩樣」。還有個孕婦的母親因慢性病導致健康狀況直線下滑，她說：「在我的人生中，媽媽都是一副半死不活的樣子。」接著，這位孕婦對自己未出生的女兒感到驕傲，覺得她「很有活力」，才不會像她母親那樣「垂死掙扎」，只會對女兒的人生造成磨難。

父母對孩子有先入為主的定見，就無法保有好奇心去認識孩子，還會將固著的意義投射到孩子的行為上。反之，父母以未知的視角看待孩子，心裡想著：「我們一起來玩，好好認識彼此吧！」親子就有成長的空間。認識彼此是一個混亂的過程，但是會增加孩子自體感的豐富性及一致性，強化他與世界的連結。好奇心不光有助於兒童發展，成年人若能懷抱善意探索生活，也能培養出健全的關係。

加州大學舊金山分校心理學家利伯曼（Alicia Lieberman）透過新生兒行為觀察參考指標，幫助新手爸媽認識寶寶的「真面目」。利伯曼認為，這組工具不但能建立親子關係的雛形，還能鼓勵父母對自己的孩子保有好奇心。她進一步解釋道：「了解嬰兒的過程可以用來強化母嬰關係。」[5]家長投入時間去注意寶寶與眾不同的行為，重新找回對他們的關注與關懷，就有機會放下在其他關係中經歷的情感折磨。

要是家長心神不寧，就難以用健全的方式認識寶寶，更會產生嚴重後果。罹患產後憂鬱症的母親對嬰兒的影響眾所周知，孩子在情感、行為和學習方面都會出現障礙。[6]為什麼會這樣？兩者的關聯是什麼？透過面無表情實驗的影片，我們找到了答案。

整體來說，憂鬱症的母親更常別過眼不看寶寶，而孩子因此更容易有負面、憤怒與悲傷的情緒。[7]她們鮮少主動與寶寶玩樂，也比較不會用生動的兒語和寶寶對話。相關研究人員證實，這些嬰兒在六個月大時，對周圍環境所建構的意義，其實跟一般的嬰兒不同。在實驗影片中，嬰兒並沒有積極和母親恢復交流，反倒是專注在自我安撫上。他癱在椅子上，吸吮自己的小手，目光集中在椅子或頭上的電燈，而非自己的母親。

這些寶寶不會竭盡所能去吸引母親的注意力，他們早就學會，互動的對象沒反應時，該如何應對。在那些被忽視的時刻，他們了解到，不管是指著物品、哭泣還是咿咿呀呀，對方都不會有反應。

出乎意料地，這些寶寶可說是足智多謀！他們一點都不焦慮，而是找到方法應對照顧者的退縮行為。他們懂得運用手邊資源維繫自我的完整性，也就是能自我調節。這種應對方式具有適應功能。與其內心錯亂、行為失控，不如設法配合母親的態度，某種程度來說算是跟她站在同一邊。他們彷彿在說：「好吧，沒關係，我自己處理。」

為了避免自己的完整性不斷崩解，寶寶衍生出這樣的替代方案，那可理解為一種適應反應。英國精神分析學家克萊恩（Melanie Klein）用非常強烈的語詞來形容這種狀態：滅絕（annihilation）。寶寶突然感受不到母親的存在，無法再維持繼續如是的狀態，假如沒有因應措施，就會產生更嚴重的後遺症。澈底喪失自體感後，嬰兒就會缺少進食維生的動機，危害到他的健康與生命。

唯有在愛與關懷的環境中，嬰兒才能健康長大

在一項經典的研究中，專家觀察嬰幼兒的情緒發展，發現了出人意表的證據。他指出，幼年時擁有健全的親子關係，有助於個體維持自我的完整性，還能成為救命索以維繫個體生存。[8]由此可知，關係發展跟健康息息相關，而我們在日常生活中所經歷的情感折磨，便多少具有殺傷力。

一九四〇年代，美國孤兒院的死亡率很高，人們大多歸因於傳染疾病，不過奧地利精神分析師史畢哲（René Spitz）有不同假設，他認為幼兒的高死亡率是由於缺少持續付出關愛的照顧者。[9]

為了驗證這項假設，史畢哲展開研究。他觀察兩家不同機構的嬰兒，從嬰兒期追蹤到學步期結束。這些嬰兒都是出生後不久就被機構收容，並獲得足夠的營養、醫療和照護。這兩家機構他分別稱為「托兒所」和「棄嬰之家」：前者設置在監獄裡，負責照顧嬰兒的是他們坐牢的母親；後者設置在醫院裡，照顧者是過勞的護理

師，他們每個人要照顧八至十二個孩子。史畢哲總結研究成果：學步期結束後，托兒所的嬰兒狀態正常又健康，不過在棄嬰之家的嬰兒，因為缺乏情感關懷，所以有很多發育問題，包括不會說話、行走或自行進食。最後他揭露了一項令人震驚的研究證據：

有項數據最令人印象深刻，也就是這兩家機構受試嬰兒的死亡率。在長達五年的研究期間，我們一共觀察了兩百三十九個孩子，每位受試者都至少追蹤一年。托兒所的孩子都順利活到研究結束，但棄嬰之家在兩年內有百分之三十七的孩子死去。

在這種極端的環境中，即使獲得充足的營養與照護，只要沒有接受到愛與關懷，孩子就會有進食方面的問題，甚至因此喪命。史畢哲寫道：「心理因素會成為生死存亡的關鍵。」

部分批評者認為，此研究忽略了一件事：這兩組嬰兒的基因風險因子不同。批評者主張，會遺棄親生兒的家長，其孩子受到遺傳所影響，個性會特別脆弱，於是無法妥善處理成長過程中的困境。然而，近來杜蘭大學（Tulane University）兒童精神醫師澤納（Charles Zeanah）駁斥了前述觀點。澤納和馬里蘭大學（University of Maryland）的福克斯（Nathan Fox）、哈佛大學的奈森（Chuck Nelson）攜手在羅馬尼亞進行一項引人注目的研究。他們比較寄養家庭與孤兒院的照顧模式，看看當中有哪些影響和差異。[10]

一九六六年，羅馬尼亞的出生率連續十年下滑，共黨領導人齊奧塞斯庫（Nicolae Ceausescu）為了解決問題，遂頒布《第七百七十號政令》，嚴格禁止墮胎和節育。到了可生育的年齡，女性就必須依國家規定，每個月去看婦產科，祕密警察還會從旁監督。結果，每戶孩子的數量都超出家長的負擔能力，許許多多的孩童被丟到了孤兒院。

一九八九年，羅馬尼亞革命成功，齊奧塞斯庫政權遭推翻。不過新政府認為，孤兒院的養育環境尚可接受，毋需開辦寄養家庭服務。澤納和研究夥伴打算進行實驗，看看羅馬尼亞政府的判斷是否準確。他們將兩組兒童隨機分配到寄養家庭和孤兒院，並著手長達逾十五年的研究。

神經科學專欄記者薩拉維茲（Maia Szalavitz）在《富比士》雜誌發表文章，名為〈笨蛋！問題出在孤兒院〉。他認為這項研究的結論「令人驚嘆不已」：

誠如過去史畢哲的研究所示，在寄養家庭長大的孩子，能接收到家長的關愛，所以比較優秀。而在羅馬尼亞孤兒院長大的孩子，哪怕環境衣食無缺，能力還是比較差。被收養孩子成長速度快，頭圍尺寸也較大（這是腦部發展的測量指標），甚至連智力測驗的平均分數也高出九分。他們比留在孤兒院的孩子更快樂、更有專注力。[11]

這項研究進一步證實，各種臨床意義上的精神痛苦，都跟人際關係有所關聯。薩拉維茲指出：「待過孤兒院的人，有百分之五十二罹患某種精神疾病。在一般家庭成長的人，則有百分之二十二有心理問題。本來住在孤兒院、但被隨機分配到寄養家庭的孩子，有五成機率會有焦慮、憂鬱的傾向。」

一旦缺乏照顧者的愛、關懷與鷹架支持，嬰兒就會用盡所有能量支撐自己，以彌補外在資源的不足，身心才不致於崩潰。他們只能運用有限的能力來調節身體的機能，但最終無力負荷，不但無法健全發育，甚至有生命危險。

薩拉維茲也在精神科醫師佩里的研究中發現，收容機構必然會有一些問題，比如照顧過程不連貫、工作人員沒有人情味等。她引用佩里的話：「一般來說，收容所的員工是依照輪班時間去照顧孩童，大都只是照表操課完成工作罷了。有了照顧人員的笑容、觸摸、歌聲與擁抱等感官刺激，嬰兒才能發展出壓力反應系統，與人際關係有關的神經網路才會健全。可是收容機構資源不足，無法提供這樣的照顧，以致於孩子無法獲得充足的照護，讓身心健全發展。」

佩里強調，長期地與他人反覆互動，嬰兒才能建構正面的生活意義意義。孤兒院確實是比較極端的例子，因為它問題比較多，但是此例也彰顯出，要培養健全的自我調節力，幼年時的人際關係是不可或缺的一環。對於一般人來說，若發現自我調節和親密能力有所不足，只要跟親人、朋友和伴侶持續有互動，就能不斷成長，進而改變自我。

童年的互動經驗，身體會記住

在關係脈絡下，反映出情緒困擾的症狀都有其意義：焦慮可能源於脆弱的自體；僵化的行為模式能維持生命凝聚感；悲傷或絕望的情緒是幼年的親子裂痕沒有修復；易怒和社交退縮有保護功能。幼年與人的相處經歷會延續到人生所有的新關係，並且持續左右自體的發展。

邁阿密大學研究人員菲爾德（Tiffany Field）醫師發現，母親有憂鬱症的話，她的孩子傾向以負面的互動模式，和體貼且非憂鬱的成人交流，而且還會觸發對方的負面情緒。[12]他們會把自己和母親的相處模式套用到其他關係中。在不斷累積失敗的互動經驗後，這些嬰兒最終發展出負面的核心情感，包括悲傷和憤怒。他們並非一直處在那樣的情緒中，但若有某事件觸動心弦，悲傷或憤怒就會跟著竄出來。這些嬰兒覺得母親冷淡又不可靠，也認為自己沒用又無助。為了適應母親的狀態，他們所發展出的應對方式都會變成習慣。

菲爾德的研究跟我們的觀察不謀而合。憂鬱母親的嬰兒比較難跟他人產生連結，與陌生人互動時，就算對方很友善，也會產生負面結果。因此，實驗室的研究助理和這些嬰兒一起玩的時候，會覺得很挫敗。[13]他們付出許多努力，卻無法和嬰兒展開交流，所以判定任務失敗。不過有意思的是，他們會怪自己，而不是嬰兒。研究助理也沒有意識到，過程中自己的情緒越來越低落，互動過程才會充滿挫敗感。其實，他們的情緒會深化疏離感。隨著互動時間拉長，他們的笑容變少，身體離嬰兒越來越遠。由此得知，嬰幼兒時期的互動有問題，就會影響到成長過程中的所有人際關係。

在精神分析治療中，主要環節就是探討案主的幼年經驗如何轉移到其他關係。這方面我們在第九章會繼續說明。當事人將過往的問題轉移到治療關係中，並產生若干見解和體會，有助於逐步解除負面的生活習慣。治療師相當清楚，對於案主，他自己也會有情緒反應和反移情作用，但他可以藉此去了解案主的社交經驗。

這些嬰兒的反應可視為是一種初期的移情作用，研究助理的挫敗感則是反移情作用。嬰兒和新夥伴互動時，會重演過去和照護者的相處經驗。成年後，人們時常會困在負面的互動模式，是因為將過往的經歷轉移到現在的關係，難以和眼前的人有所連結。

在某次的面無表情實驗中，我們發現，嬰兒的身體會「記得」某次的互動。14 實驗人員找來兩組嬰兒。第一天，兩組嬰兒都先跟母親玩遊戲，接著有一組進入面無表情階段，而另一組則照常互動。第二天，兩組嬰兒都先跟母親玩遊戲，接下來也都進入面無表情階段。

研究人員觀察到，第二天跟母親玩遊戲時，第一組嬰兒的心率較快。也就是說，他們預期到等一下母親就會變得面無表情，所以心裡有壓力。嬰兒無法用語言和思考來記住事情，而是透過身體來「記憶」。第一組嬰兒看到照顧者面無表情後，就記住這個感覺，延續到隔天的實驗。對他們的身體來說，在同樣的實驗室裡，想到對方特定的表情與態度，就會感受到壓力。相反的，第二組嬰兒不知道有面無表情的橋段，所以在遊戲時沒有壓力，即心率正常。

在現實世界中，互動對象不只會突然面無表情，還會搧人耳光或有其他情緒化的表現。我們在第六章描述的換尿布、哺乳和就寢遊戲，分分秒秒累積起來，就是嬰兒的世界。在遊戲過程中，如果被忽視、被打或是被大聲責罵，嬰兒的生理狀態就會隨之轉變，構成他以後回應世界的方法。

了解孩子內心深處的煩惱，才能治好他的分心問題

退縮、封閉或僵化的生活方式不斷延續下去的話，當事人就會出現憂鬱或焦慮的言行舉止。他可能是價值觀扭曲，或是找不到生活目的，所以才出現這些反應。不過，這只是為了因應當前的情況，憂鬱或焦慮的心情若持續不退，對當事人就沒有助益。他們會將世界拒於門外，不想跟社會有連結，避免要處理許多麻煩事。最

終這些人無法成長茁壯，生活陷入惡性循環。

建構意義是人類的本性，處在逆境中也是如此。然而憂鬱的人會用盡一切力氣，抓住生命凝聚感、維持薄弱的自體感，以防難以想像的焦慮出現。嬰兒也會極力維繫自我的完整性，以獲取能量來度過一整天的時光。他們運用僅有的身心機能來支撐自己，即使長遠下來會出問題。

美國精神分析師佛曼（Robert Furman）也認為不可讓負面情緒持續太久。他主張，要以不同的方式去理解所謂的ＡＤＨＤ症狀。佛曼發現，兒童經受痛苦難耐的情緒折磨時，會有一系列因應的做法，包括退縮到幻想中，產生分心或注意力不足的徵狀。他們也會放棄思考直接行動，所以容易有衝動和過動的症狀。畢竟他們還沒有成熟的語言能力來表達想法。事實上，這些症狀都是適應反應，以因應無力招架的狀況。15

年幼的孩子若聽見父母對彼此咆哮，並感覺到有一方會受傷，就會搞不清楚情況，只能不斷想著：「這是我的錯。」以此抓住生命的凝聚感。不過，這個想法會令他感到羞恥，久而久之就失去自信心。

家長有憂鬱症的話，孩子為了維持互動與自體感，就得不斷自責。積年累月下來，他就會與其他人事物斷了聯繫。從接下來這段故事，我們就會更了解佛曼的觀點：兒童無法從經驗中建構意義，就會產生像過動、注意力不足這些適應行為。

十歲的瑪麗亞準備出門上學去，可是她少穿了一隻鞋子，也忘了帶書包。她的父母胡安和薇若妮卡笑著跟友人分享這個故事，但對方建議應該帶孩子去找治療師。胡安跟治療師提到，自己小時候也常常忘東忘西，不過瑪麗亞的狀況比較令人憂心。某次全家準備去厄瓜多探望親人，瑪麗亞無意間看到自己的護照跟爸媽的不一樣。她好奇地問，為什麼他們的護照都有某個註記，唯獨她的沒有。這個問題很不尋常，代表瑪麗亞有思考能力了。不過夫妻倆很難跟女兒解釋，父母其實都是非法移民。兩人竭盡所能不讓瑪麗亞看新聞，因為記者老是在報導「非法移民問題」。瑪麗亞終究在學校知道了真相，但這對夫妻不曉得怎麼跟女兒討論這個棘手的議題。

說完這個故事，胡安沉默了一下，接著提出了更頭痛的問題。瑪麗亞升上二年級之後，常常被同學霸凌。當時社會到處充斥反移民的政治論調，有個同學還跟瑪麗亞說：「我們總統不喜歡你們這種膚色的人。」老師最近也建議夫妻倆帶她去進行ADHD鑑定，這樣才有能人協助瑪麗亞解決分心的行為。不過胡安堅信女兒沒問題。

瑪麗亞的行為有多重含義。如果確診的話，瑪麗亞就得接受治療，包括展開行為管理。不過這樣父母就難以全面了解她的經歷有多複雜。瑪麗亞注意力老是不集中，除了生理因素外，她在學校受到霸凌，又十分害怕被遣返。而當時她的語言能力還不足表達這些憂慮。

總之，每個個案的經歷都很複雜，透過標準化的ＡＤＨＤ問卷評估，其實難以掌握關鍵問題。所以，我們應該秉持好奇心，騰出時間與空間去傾聽孩子的心聲。在他們漫不經心的舉動背後，其實蘊含著多重交錯的意義。

消除症狀只是治標不治本，無法解除背後的情緒困擾。叫個性衝動的孩子安分坐在書桌前，或是強迫憂鬱症患者下床，都解決不了根本問題。這些問題行為都有適應功能，是個體因應難題或維繫自我的方式。不去解決人際關係或成長的癥結，難保當事人症狀不會再次發作，甚至病情更加嚴重。

基因只能決定人的反應，但後天的人際關係才會決定生活態度

有些人會說，精神症狀是「遺傳問題」、「大腦疾病」，不過一旦了解，在關係與互動中，基因、大腦與身體各部位都會建構意義，那麼先天特質相對於後天經驗

的虛假二元論述就會不攻自破。誠如第一章所述，後生遺傳學日益蓬勃，狹隘的二元論思維已經站不住腳，人們不再以非黑即白的角度看待成長問題。從後生遺傳學來看，生活經驗會影響基因表現，而後者也會回過頭來改變大腦的組織與功能。

環境或生命經驗影響基因表現，繼而對人的行為與發展產生作用，這就是行為後生遺傳學的研究範圍。有些新生兒帶著有問題的基因特徵來到這個世界，不過，那套基因的表現方式以及對行為的影響，都取決於環境因素。不管特定基因的表現是否明顯，都會影響大腦的發育結構和化學傳導。生活經驗會形塑基因的樣貌，因此，我們幼年的經歷，是影響大腦發展最關鍵的因素。

舉例來說，血清張力素轉運子基因（serotonin transporter gene，以下簡稱5-HTT）會影響身體的壓力反應，包括大腦某些區塊的組織和功能，它們對於情緒調節相當重要。[16] 5-HTT基因有兩種不同的表現型，一種較短、一種較長，而每個人身上都有兩套分別來自母親與父親的5-HTT基因，因此有可能帶有兩個短的、一短一長或兩個長的對偶基因，而短的5-HTT基因則與憂鬱症狀有關。不過，短的5-HTT基因表現，或者說對行為的影響，主要取決於生命經驗。假如個體擁有短的5-HTT基因，但是並未遭遇重大壓力，這套基因就不會被啟動，自然就不會對個體產生重大影響。反之，充滿壓力的生活事件會啟動短的5-HTT基因，進而改變大腦運作，增加憂鬱症的風險。在面無表情實驗中我們發現，比起帶有兩個長的5-HTT基因的嬰兒，帶有兩個短的5-HTT基因的嬰兒會有強烈的負面反應。[17]這些研究發現指出，人與人互動時，必然會有疏離的時刻，如果維持太久，導致關係裂痕無法修復，帶有兩個短的5-HTT基因變異者就會越來越脆弱。

許多人都認為，基因是固定的，無法改變。確實，基因組或基因鹼基對的序列不會根據環境有所改變。囊狀纖維化和肌肉失養症等遺傳疾病是由基因組中鹼基對的突變所引起的。反之，後生遺傳基因（甲基化模式）以及基因表現的層次會迅速因應環境而有所改變。為了不斷因應環境，身體會改變基因表現，但是不會改變DNA序列，有項研究指出，日常生活的正念練習會改變基因表現，幫助個體迅速化解壓力。[18]

另一項研究顯示，擁有短的5-HTT基因的個體，罹患ADHD的風險就會增加。[19]有這項基因變異的兒童，如果生活在充滿衝突的家庭環境，則被診斷出ADHD的機會也比較高。正面一點來看，就算擁有短的5-HTT基因變異，也不代表會一定會罹患ADHD。

在遺傳的影響下，家人會出現與ADHD相關的行為，但是沒有所謂的ADHD基因，這是家長和專家常有的錯誤概念。ADHD包含一系列問題行為，當事人的情緒、行為和注意力同時出狀況。從幼年時期開始，貫穿整個發育階段，在互動與建構意義的過程中，產生相關的症狀。

有些人將個體所受到的情感折磨視為「大腦障礙」，但他們無疑是忽略了，人與人在互動時，需要建構意義來調節彼此的情感及行為。沒有人能夠看對方的大腦就知道他在想什麼。透過甲基化的過程，基因會根據關係脈絡建構意義，進而改變大腦的結構和功能。

好消息是，你有一輩子的時間可以重新塑造大腦迴路，而年齡較大的兒童和成人需要花比較長的時間。不過我們在許多實驗中看到，對於各個年齡層的嬰兒，只要花時間讓他們反覆參與互動，就有機會改變既定的應對模式。許多研究證實，各式各樣的心理治療會改變大腦的運作模式。因此，在新的人際關係中，我們就有機會建構新的意義，重塑自己的大腦。[20]

哈佛大學兒童發展中心推出一段影片，主講人將嬰幼兒的主要照顧者稱為「神經建築師」。其實，當我們成為大人後，也會有一群新的神經建築師，在你迷失自我時幫助你重建意義。

我們從面無表情研究中學到，倘若一出生與人互動就出問題，這些經驗就會凝結為僵滯的意義，鎖住你我的身心。生長的環境中若缺乏修復機會，那些扭曲的意義就會變成根深蒂固的問題。若家長陷入憂鬱或是婚姻出問題，寶寶就可能變得很難帶，最後自己建構出負面、毫無希望的生活意義。

假如孩子受到忽視甚至虐待，成年後會出現更多問題。他會帶著恐懼等負面心態進入生活中的其他關係，無法放開心胸，身心難以成長、有所改變。因此當生活意義出錯時，我們不只要找出問題，調整自己的行為和負面情緒，還要了解到，個體的發展可以追溯到幼年的人際關係，如此才能建構自我療癒的架構。

第9章
發揮創意，尋找自己的療癒方法

賽門是家中老么，從出生那天起，就無法融入這個家。他總是一整天哭不停，破壞家裡原有的寧靜。進入學步期後，賽門對周遭環境的誇張反應也毀了好幾次的家庭旅遊。比如說，他總是搶著去按電梯按鈕，沒成功的話，就會失控崩潰。賽門容易情緒激動，父母和手足卻毫不理會。賽門感到非常挫敗，他無法獲得家人的安慰，因而陷入更深的痛苦。

早些年，賽門的父母潔辛妲和羅門有試著找尋答案，想知道問題出在哪。許多專家都認為，賽門應該患有自閉症、ADHD或憂鬱症。後來朋友建議，夫妻倆應多注意賽門的行為，給他一點時間振作自己，幫助他了解自己存在世界的意義。

這條路並不好走。他們傾聽兒子的心聲，試了很多方法幫助他因應生活的衝擊。有些方法行得通，有些則沒什麼用。他們樹立了一些明確的規矩，賽門做不到時，就得承受他的怒氣。他們有時得發揮耐心，畢竟賽門還學不會變通。

賽門學會用語言表達感受後，才懂得適應環境，融入這個家。然而，在某些場合中，賽門會心情鬱悶、陷入沉思。潔辛妲和羅門很擔心，一路以來，他們靠著家人、朋友和治療師們的支持，才能面對賽門在成長過程中遇到的挑戰。

賽門入學後積極、有想法，他是家裡唯一一個拿全額獎學金進入私校就讀的孩子。賽門在衝動之下加入擊劍社，之前他完全沒有接觸過這項運動。事實證明，加入社團是賽門人生的轉捩點。他靠著天賦與熱情度過喧囂難安的青春期歲月。擊劍這項活動包含生理和心理鍛鍊，還可以培養與教練及隊友的關係。所以他在社團中會與人有衝突、也會有機會修復友情。

賽門父母願意去嘗試，包容他的情緒問題，如果出現衝突，就一起彌補裂痕。正因如此，賽門才能打從內心奠定正向的生活意義，在往後的新人際關係中，他獲得了同樣的支持。儘管賽門依舊會對環境產生強烈的反應，時不時陷入沉思，心情憂鬱，但是這些特質已然融入自體，成為他可以控制的部分。他有能力意識到這些時刻是短暫的，而他會找到出路。賽門大學畢業之後投入忙碌的職場生活，無法持續參加擊劍社團。他開始玩飛盤，還加入了「終極飛盤」俱樂部。隨著自我調節的能力不斷提升，他也能從新關係中建構新意義。

反觀另一起案主蒙娜，她出生在講求紀律的家庭。要是犯了一些孩子常見的錯，例如不肯上床睡覺，父親就會賞她耳光。親子一有矛盾，就會驟然以暴力收尾，毫無修復機會。蒙娜時常哭著入睡。

蒙娜成為母親後赫然發現，兩歲兒子拉什德惹她生氣時，她也會想出手打小孩。有時拉什德會伸手搶走她臉上的眼鏡，或是不小心用玩具打到自己。蒙娜明知道這是學步期兒童的典型行為，可是她就是很難冷靜下來訂定規矩，無法照著育兒雜誌的醫師或專家所建議的做法。蒙娜能夠控制自己不要出手打孩子，但是會把盤子摔到牆上或是崩潰痛哭。她也理解，專家的建議立意良善，但在水深火熱的當下，她實在很難停下來去思考自己的反應。

蒙娜也希望，拉什德的童年能過得跟自己不一樣。然而，她的反應模式來自於身體的記憶，唯有建構嶄新的意義才能改變她，光是語言和思考是不夠的。蒙娜發現，要從時時刻刻的生活經驗，才能找到新意義存在。因此，「談話療法」值得一試。我們在第一章看到，比起談話內容，艾瑞克和歐茨醫生分分秒秒的互動更具療效。過去充滿暴力的父女關係，影響了她教養下一代的方式，但透過談話治療，她找到解決的辦法。蒙娜的妻子是室內設計師，她說話的方式創意十足，緩解了家裡的緊張氣氛。蒙娜也跟兒子去上合氣道，讓母子用另一種形式練習面對衝突與和解。經歷這些混亂的成長歷程後，蒙娜總算能用非暴力的角度看待親子關係。

從這兩個故事，我們看到先天特質與後天經驗這兩種影響的極端對比。賽門的手足童年過得輕鬆自在，而賽門因為與生俱來的特質，就過得跌跌撞撞，留下許多創傷。而蒙娜不懂得修復關係，主要是因為家長自己的問題。對賽門和蒙娜來說，外在世界令人難以招架、無力承受，他們會帶著這樣的人生觀長大，進而影響他們的人際關係，並產生錯綜又難解的問題。

誠如我們所見，在真實生活中，先天特質和後天經驗密不可分，從我們與他人建立關係的那一刻起，兩者開始交互影響。賽門和蒙娜想改變長期的困境，就必須參與、接納許多新的人際關係與社交活動。沒有一種改變會從天而降，我們需要時間和耐心才能發展出更完整、更充實的自體感。

發揮創意，找出專屬的自我療癒方法

感覺痛苦的時候，不管是來自內心的折磨或是人與人的磨擦，自然會想尋求快速的解方，幫助我們弭平傷口。不過把目光放遠一點，就會發現，我們應該反其道而行。唯有投入各式各樣的新關係，累積處理矛盾的經驗，不斷修復關係，創造嶄新意義。誠如我們所見，想要建構意義，除了透過文字或思維，還要與人實際地互動，才能把經驗融入自己的身體和大腦。情緒上的痛苦，就需要用有創意的方式化解。西蒙投入擊劍運動，就是種新嘗試。它是另類的戰鬥方式，有條理、有規則而且非暴力，就像其他運動一樣，能培養克服挫敗與困境的能力。

《心靈的傷，身體會記住》（*The Body Keeps Score*）的作者范德寇（Bessel van der Kolk）為國際創傷研究協會的精神分析師。他在書中完整描述出，壓力如何蟄伏在人體中，也提到當事人要走出極端的壓力或創傷，可以透過身體活動。[1]

范德寇以麻州萊諾克斯一項創新劇場計畫「法院裡的莎士比亞」（Shakespeare in the Courts）為例。該計畫的成員都是被宣判有罪的青少年，依照法官指示，他們每週有四個下午必須參加密集的表演訓練，為期六週。[2]透過這項活動，他們才能在社交活動中踏出關鍵的一步，把自己的感受化為言語，找到自我調解的方法。這些少年大多成長自混亂的家庭環境，不曾受過無微不至的照顧，也不曉得如何表達自己的情緒。他們老是不假思索地去行動，所以頻頻惹禍上身。在劇場導演柯爾曼

（Kevin Coleman）的安排下，這些少年透過劇本中的台詞，演繹出對生活的各種感受。柯爾曼沒有問這些孩子感覺如何，避免他們用批判的眼光，以「好或不好」的二分法看待自己的經歷。導演希望，他們能自在地去關心自己真實的情緒。透過戲劇，少年更能夠學著傾聽內心的聲音，為自己的言行找到意義。范德寇寫道：

排戲時，柯爾曼會問青少年：「演這幕的時候，你有注意到心裡浮現任何特殊的情緒嗎？」這樣他們就能學會為這些情緒經驗命名。有的少年會說：「對方那樣說，讓我覺得很生氣。」或是表達：「他看我的時候，我很害怕。」他們慢慢找到方法、甚至發揮創意去清楚描述自己的情緒，讓自己了解，其實內心有許多不同的感受。其實，越是留意自己情緒，就越能對自己的感受保持好奇心。

不管是塑造雕像、畫圖還是寫書，只要投入創作，就得先找尋素材、嘗試各種錯誤，才能找到真正想傳達的方式。有些人太心急，一下手就想要生出完整的想法，反而容易陷入困境，創造不出任何東西。相反的，只要你願意隨性地去嘗試，就能發揮自己的藝術天分。想要走出過去扭曲、痛苦的人際關係，創造嶄新的自己，你不只要投入新的人際關係，還要學會在不完美、不對勁的互動中調適自己。

依照法官的指示，在劇場計畫的尾聲，少年犯要參與成果發表會。在排練時，這些初出茅廬的演員老是會忘詞或沒有看到提示；但專業演員也會犯這些錯。不過，只要不斷排演，他們就會發現，每個錯誤都有其意義，並找到更流暢的表演方式。他們也能明白，這世上沒有完美的演出。

生活就像戰場，無處不帶來創傷

自我調節及親密能力全靠幼年所經歷的人際關係，它們影響了成年後所有的社交關係。成人受到創傷時，他的回應與療癒方法都是基於年幼的經驗。在戰爭中所受的創傷，更能顯示這個面向。目前相關的討論都集中在創傷後壓力症（post-traumatic stress disorder，簡稱ＰＴＳＤ）這個領域。

美國演員沃費特（Stephan Wolfert）創作了獨角戲《哭吧，浩劫！》（*Cry Havoc!*），以獻給身處困境的觀眾。沃費特以怪誕的聲音揭開序幕，隨後觀眾透過肢體語言看出，原來是火車在軌道上疾駛，台詞、聲音和動作慢慢地串連在一起，沃費特開始講述引人入勝的親身經歷。[3]

沃費特經歷了各種童年逆境，酒鬼父親虐待他、母親家暴他，最後父母還離異。成年之後，運動傷害帶給他長期的後遺症，軍旅生活更造成他嚴重的創傷。日積月累的失落感令他難以承受，最後他跳上火車、選擇當個逃兵。

經過蒙大拿州中部時，他隨性下車來到了一個小鎮，說巧不巧，當地一家劇場正在演出莎士比亞的戲劇《理查三世》，他馬上就受到吸引。這次偶然的經驗成為沃費特生命的轉捩點，啟發他開展一項表演計畫：運用莎士比亞的戲劇來療癒退伍軍人的心理創傷。

沃費特的計畫名為「任務解除」（Decruit），官網斗大的標題寫著：「透過莎士比亞的戲劇與科學原理來療癒創傷。」沃費特知道，為了在戰爭中活下來，軍人的大腦必須產生固定的神經迴路，但卻沒有機會重新創造連結，來因應退伍後的日常生活。沃費特的故事讓我們理解到，從小到大所承受的創傷，能夠以各種方式去療癒。

麻州大學波士頓分校設有嬰幼兒心理健康學程。前往該單位演出時，他解釋道，對於上過戰場的退伍軍人來說，戲劇的療癒功能主要不是來自於台詞內容，而是背誦台詞時的節奏和換氣點。

某種程度來說，沃費特的表演讓我們看到，在成長過程中，嬰兒如何依序透過感官、動作、思考和語言來建構意義。只要我們在腦袋中建立根深蒂固的意義，就可以整理當前體驗到的混亂狀態。透過表演，觀眾才了解，原來身體也是建構意義的基本系統，而這些意義會慢慢進入自己的意識當中。

觀賞表演時，觀眾和沃費特一同探索心靈，因此這齣戲具有強大的轉化效果，就如同沃費特觀賞《理查三世》所受到的啟發。現代人去劇場通常是為了休閒娛樂而非治療，然而，沃費特的戲劇和他的個人故事證明，藝術和創作也具有療癒的效果。

有些人幼年時親子關係脫序，家中衝突不斷，他們的生理狀態和抗壓系統就會隨之改變。身體會記住相處的經驗，當你成年後生活遇到困境，就會以童年面對壓力的方式去回應。想要學習新的反應模式，就得動用到大腦、心智和身體。在我們學會語言之前，生活的意義早已成形，想要建構新意義，不能光靠語言和思考。為了參與新關係、破除不健康的互動模式，我們需要學習新的呼吸方法。

在電影《荒野之心》（*Leave No Trace*）中，退伍軍人威爾為了逃離心魔，遂帶著女兒湯姆遠遁山林。威爾沐浴在大自然的環境中，這種日常體驗很少被當成治療方法，可是的確具有療效。這些活動能解放心靈，讓威爾去思索人際關係的問題，找出修復裂痕的方法。無奈對威爾來說，這些機會後來卻被剝奪。

父女倆被人檢舉生活在國家公園，因此不得不離開。威爾帶著女兒到一處農場找工作，他想要照顧馬兒，可是農場主人要他去砍伐聖誕節要用的松樹。因此，他必須鎮日忍受震耳欲聾的電鋸聲。唯有在馬廄裡，威爾才能獲得獨自喘息的空間。每當與馬兒眼神交會時，他的表情變得柔和，緊繃的身體也放鬆了。

後來威爾還是決定帶著女兒離開農場。在日益險峻的旅程中，威爾獲得許多充滿創意的療癒機會。有位退伍軍人也是戰爭創傷的過來人，他帶著一隻治療犬，牠能夠感知到主人的焦慮和痛苦，並且給予安慰。在一個緊張的橋段中，威爾看到女兒沒有穿戴任何防護措施，手捧一顆蜂窩。養蜂人說，湯姆已經獲得了蜜蜂的信任，所以不會被叮。

從這些片段，我們不禁猜想，這些角色是否象徵著人際關係的安全網：戰友、馬兒、狗，甚至是蜜蜂和養蜂人。戰爭在他心理刻下那麼深的傷口，而這些生物都能幫助他痊癒。療癒的經驗就像五顏六色的馬賽克磁磚，讓威爾一點一滴拼湊正常生活的樣貌，繼而重返社會。可惜到最後，威爾寧願選擇獨自生活在叢林，於是和女兒分道揚鑣。

這部電影改編自同名小說，而在現實生活中，的確存在許多療癒創傷的創意方法。這些方法都有助於我們體驗互動時的波動，讓我們學著修復關係、建立安全感。這裡有個神奇的真實案例。許多退伍軍人發現，接觸一些被忽視、欺負或遺棄的鸚鵡，能獲得許多慰藉。這些鸚鵡之前大多被獨自關在籠子生活。不過，有心人士在洛杉磯打造了一處鳥兒庇護所「寧靜公園」(Serenity Park)，讓鸚鵡住在仿照野生環境的世界中。退伍軍人樂芙（Lilly Love）患有嚴重的PTSD，所有常規的治療方法都沒用，後來她嘗試在寧靜公園療癒自我。她在寫給《紐約時報》的文章中描述這段不凡體驗：「這些優美的鸚鵡如同七彩光束，先前卻被人忽視、遺棄。我看到鸚鵡的創傷，就如同我心裡的一樣。我經歷過傷痛，牠們也傷痕累累。我一心只想走到戶外餵養、照顧牠們，這樣可以幫助我療癒自己的創痛。這個過程完全不需要言語。」[4]

我們在童年時期所建構的負面意義，會跟著成長時受到的創傷，持續影響我們，甚至構成內心錯綜複雜的情結。最近一項研究指出，飽受纖維肌痛症所苦的女性退伍軍人，有許多人在軍中被性侵，也帶著童年時的創傷。[5]女性軍人不只在軍中遭受性暴力，童年時也經常被冷落或家暴。令人難過的是，她們就是為了尋求安全感才投入軍旅生涯。這項研究證實，負面意義會從童年延續到成年生活。在戰場上受到創傷，再加上被同袍性侵，讓她們在童年時所建構的負面意義更加具有殺傷力。它們會滲入身體各個角落，隨著軍旅生涯壓力變大，演變成慢性疼痛症候群。

成年人對創傷的各種反應都根植於童年的逆境經驗。在個體發展過程中，創傷會不斷滲入生活的其他體驗，對人生產生全面的影響。不管是戰爭創傷或是長期的人際關係問題，假如你認為世界不安全、他人不可信任、自己無能改變任何事，那任何階段性的療程都只能帶來短期成效、註定會失敗，因為你無法改變自己的生活意義。無法徹底改變互動模式，新關係就還是會出問題，讓創傷有機可乘。說得直白一點，年輕時發生的事，拖累了現在的你。進入成年生活的路上，我們一直都在創造新問題來糟蹋自己。唯有累積全新的互動經驗，修補人與人常見的裂痕，化解彼此的淡漠，才能再一次重拾連結、成長蛻變。

在治療過程中好好面對被冷落的心情

我們可以把心理治療當作創造嶄新意義的機會。研究顯示，不同形式的精神分析治療有不同的價值面向，是由當事人和治療師共同創造的。[5]不論是哪一種治療，其關鍵都在於，讓當事人在治療環境中不時體驗到起起伏伏的人際互動，這樣他才有機會體會真實的交流，並且進一步思索關係本身的各種意義。

誠如前一章的討論，精神分析的基本原理是移情。強烈情緒都是過往經驗造成的，治療產生新的互動經驗，進而讓我們有機會反思。假若你幼年時受到家人長期的冷漠對待，關係也沒有恢復，那接受治療時，你就可以重新體會到那種疏離感，並找到療傷止痛的機會。

在診療室之外的現實生活中，當我們遇到他人淡漠以對，就會無意識產生逃避或抽離的反應。不過，在安全的談話治療環境中，我們就可以意識到自己的這些反應，並嘗試去處理被人冷落的感覺。比如你在分享一件很挫敗的事，但是治療師卻分心看手錶。你可以和治療師分享，像這種突然出現的疏離感在當下對你的身體和內心有什麼影響。一旦你能完整描述這些經驗，它們就會漸漸失去殺傷力。

回顧一下第三章談到的多元神經理論。從小你就缺乏修補關係的機會，所以認為社交生活充滿威脅。由此可知，長年來，你的原始迷走神經系統都處在過度反應的狀態，以此作為自我保護的機制。身體說這個世界是危險的，它變成你的思考模式，你只會用這種角度看待生活各個面向。

不過到了治療場所，安靜的空間、充足的時間以及治療師有節律或抑揚頓挫的語調，都能讓你的機智迷走神經上線開工。只要你的社交連結系統還在運作，就會覺得，和治療師隨機互動、不時起摩擦是安全的。修通過去錯誤的經驗，就能獲得成長的能量，進而嘗試不同層次的新人際關係，並且練習修補的能力。

溫尼考特用他優雅的語句提醒我們，所謂的健康人生，在於努力應對生活自然會出現的失序與突發狀況：「治療師都希望，患者能從療程中畢業，然後忘記治療師是誰。也希望他們體會到，活著本身就是一種有意義的治療。」[6] 心理治療是一種有條件的介入手段，它提供全新的互動機會，讓患者參與，以創造新的生活意義。如此一來，他們才有機會逐漸擺脫固著在身體裡的負面意義，它們會阻礙你投入新的人際關係，還會讓你越來越厭世。

投入新的人際關係

嶄新的人際關係就像沃土一樣，讓我們發揮創意與人交流，並走上自我療癒的道路。幼年的經歷確實是自體的主要成分，但並非永遠無法改變。在新的人際關係中，我們能找到新的養分，幫助自己不斷成長，變得更有創造力，繼而打造出更有層次的內在核心。

看看這個案例。厄爾成年後大部分時間都在與憂鬱情緒對抗。他的父母在伊拉克是傑出的工程師，不過家園飽受戰爭蹂躪，一家人難以有穩定的安全感，後來就移民到了美國，開了一間蔬果店維生。厄爾承載著父母的希望，努力成為一名工程師，實現他們未完成的美國夢與美好的願景，在這片土地上活著。從任何客觀標準來說，厄爾過著功成名就的生活。只有妻子拉娜知道丈夫內心深處一點也不快樂。

回顧自己的童年，只要遇到困難、內心很煎熬，父母都無法陪伴。好不容易全家才安定下來，父母當然不希望再做任何冒險的事。選擇行業時，厄爾也遵從了父母的規劃，成為工程師。然而，他的動機並非出於自身渴望，其實心裡猶豫不決，也害怕讓家人失望。雖然還很年輕，但他沒有機會探索不同的職業。十幾年來，他讓家人享有不錯的生活品質，但覺得自己的工作枯燥乏味。他不斷在生活中和心魔對抗，最終被診斷出有憂鬱症。

到了四十五歲，厄爾在拉娜的鼓勵下勇敢投入全然未知的領域。他真正的興趣是創作音樂。他以前偶爾會寫寫曲子，為女兒的舞蹈表演配樂，但他希望有更多時間沉浸在音樂創作中。他一直很掙扎，不確定要不要辭掉工作。拉娜不像厄爾的父母那樣封閉，她一直陪在丈夫身邊，隨時迎戰不可預測的難題。所幸拉娜是健保機關的行政人員，他們在經濟上還算有餘裕。於厄爾決定辭職，將餘生奉獻給創作。

拉娜是個可靠的夥伴，厄爾才有信心去探索自我、面對難以掌控的未來。他也更能接受自己有完整而多重的樣貌。這麼多年來，兩人在婚姻生活中經歷過許多試練。這兩個獨立的個體有不同的世界觀，卻能夠面對彼此的矛盾，修通許多失和的經驗。在這些過程中，厄爾的能動性和自信心不斷增強。他發現自己存在的意義，也相信自己有能力做選擇。厄爾的童年鮮少與父母唱反調、也沒有修復關係的經驗，所以不願去探索任何未知的領域。他緊緊抓著父母封閉保守的期待，內心卻焦慮不已。幸好有拉娜的陪伴，正值中年的他才能走出絕望，懷抱希望去探索自己的創造力。不像厄爾的父母，拉娜明白成功並非只有一種樣子，她鼓勵丈夫選擇新道路，一同迎向未知的境況。

我們的樣子，主要都受到幼年經歷所影響。不過，只要拓展自己的生命經驗，就能會有改變契機。投入新的人際關係，就能建構不一樣的生活意義。雖然我們在童年所體驗到的焦慮、恐懼和失望，都會在新生活的困境中不斷重現。但只要與對方保持彈性的互動模式，偶有衝突但也會和好，就會有療癒自我的機會。

我們從面無表情研究中學到，心理治療並非單一面向的解決之道。療癒和成長的旅程不會一帆風順，最好放下無謂的期待。然而，正是因為人生道路崎嶇不平，我們才能夠對自己和世界產生新看法。不光是精神分析治療，學習武術、和朋友相約爬山、為他人下廚或是參加攝影課程等等，都能療癒身心。透過這些日常活動，我們放開心胸，學習接受混亂，進而連結他人，找到自己的歸屬感。

第10章 人與人相處時要保持未知與彈性的空間

在開頭的章節，我們援用霍金的理論來說明，生命的起源來自於大自然出了錯，而美國哲學教授奎齊利（Simon Critchley）在〈確知的險性〉（The Dangers of Certainty）一文中也提到類似的概念。[1]他引述物理學家海森堡（Werner Heisenberg）的測不準原理：粒子的位置越清楚，就越難了解它的動量；反之，粒子的位置越難判定，越是清楚其動量。這證明了，物理世界的絕對知識（absolute knowledge）有其侷限性。奎齊利將測不準原理套用到現實的社交世界，他解釋道：「人與人在灰色地帶邂逅，透過交流找尋彼此的相似性，這就是傾聽、溝通和社交的真諦。」

我們在灰色地帶交流，接受對方有各種面向，也容許在互動時犯錯。要是沒有衝突，改變和創新就不可能發生。一般人難以容忍生活有太多不確定因素，因為它們會破壞、撼動生活的一切。既然我們對未知的事物退避三舍，那想法和做法難免落入窠臼，只想活在封閉的舒適圈。一遇到問題，妄想有簡單、俐落的解方，這種觀念會阻礙成長，讓人對外在世界的變化充耳不聞。反之，若你肯承認自己有不足之處，縱身躍入無盡的未知世界，任由自己跌跌撞撞地漫遊，那就有可能發現迥然不同的方法去解決難題。也就是說，處於難以預測的環境，你才有機會療癒自我，認識不一樣的自己。

對已知的人事物深信不疑，會妨礙人際關係的發展，尤其是把過往互動的感受轉移到當下的環境中。硬是把過去的經驗套到現在遇到的人，就無法真正和對方交流，更不會有任何連結。倘若你從小就無法忍受誤解和溝通不良，便會設法了解跟自己來往的人，確定相處的方式沒有問題。

毫無彈性的信念就像暴君一樣令人窒息

我們時常被深信不疑的信念牽著鼻子走，因而遠離成長療癒的道路，更糟的是步入傷人傷己的險境。毫無彈性空間的信念就像暴君一樣，會讓人偏執。在《垃圾場長大的自學人生》（*Educated*）一書中，作者維斯托（Tara Westover）鉅細靡遺描述自己跌跌撞撞的成長過程，以親身經歷證實，不容有他的威權式教養法，如何磨滅孩子的心智。2

維斯托出生於愛達荷州偏遠的巴諾克山鄉間，她的父母是虔誠的基督徒，相信末日隨時會來臨。她是家中老么，上頭有六個兄姐。家中所有事向來是父親說了算。有一次父親堅持開十二個小時的夜車，結果凌晨時分發生車禍，母親的頭部受到重傷。無奈父親堅信醫院是邪惡的化身，硬是把妻子留在家中，而不帶她去就醫。母親待在不見天日的地下室好幾個禮拜，完全見不得光線。後來頭傷導致母親的記憶力受損，時不時就會頭痛，精神狀況十分衰弱，不得不辭掉接生的工作。儘管不認識她本人，但是我們推斷，維斯托透過寫作，不斷芻思幼時經歷，一步步走出童年的陰影，擺脫家中如暴君般的迷信。

我們看到，脫序的關係導致個體嚴重缺乏好奇心。若有一方確信自己百分之百是對的，那就沒有懷疑和討論的空間。甚至於雙方都會認定，自己知道、理解對方的想法，可以代表對方的立場，毋需進一步溝通討論。接下來還有兩個例子。

納蒂婭和姊姊奧嘉住在同一棟公寓，不過相隔了五層樓。姊妹倆小時候感情很好，十九世紀末全家人挺過歐洲的反猶太人風潮，從俄羅斯移民到美國。誰知道哥哥昂德過世後，兩人為他的財產問題撕破臉，各自都認定對方大錯特錯。兩人到九十幾歲離世前，始終無法言歸於好。她們的孩子也各自選邊站，家人之間瀰漫對峙的氛圍，各自堅守自己根深蒂固的立場。

彌爾頓和妹妹莉亞似乎也走入同樣的死胡同。兩個人在家務事上有所誤解，多年來彼此沒有說過幾句話。彌爾頓的兒子派克為了化解青春期的躁動和焦慮，前去尋求治療師的幫助，沒想到這竟然成為轉捩點，彌爾頓和莉亞重拾手足之情，療癒了失和的傷痕。派克現在學會，若是擺脫不了恐懼，可以試著停下來深呼吸。彌爾頓也跟著學習這方法，試著在發生衝突時沉澱心靈。每當腦袋轉不過來時，他就停下來深呼吸。

此後，彌爾頓能用不同視角去理解妹妹的不同立場；莉亞未必是對的，不過她會那樣想一定有她的理由。轉換思考模式後，彌爾頓心境轉變了，也主動對妹妹釋出善意，兩人因而盡釋前嫌。兄妹小時候就常常去打網球，現在他們也會相約一起去運動。在對打過程中，兩人會出現不少失誤，當然也有許多精彩的對戰瞬間。在對打的過程中，彼此能夠透過每一次擊球盡情宣洩內心的不滿。兩個人開始享受彼此的陪伴，裂痕也漸漸癒合。

人與人相處時要保留空間，接納彼此不確定的因素

誠如前述兩段故事所示，假如我們無法放開心胸，接納生活中混亂與不確定的事物，就會卡在原地動彈不得。

布列茲頓也強調不確定因素的重要性。他的同事菲力在產婦出院不久後，展開了第一次家訪。他發現新生兒家庭的氣氛一片祥和，環境井然有序。新手爸媽和寶寶穿著一模一樣且乾乾淨淨的親子裝，這家人上下一心的樣子，讓菲力印象深刻。菲力眉開眼笑地和布列茲頓分享這件事，可是布列茲頓卻不發一語，絲毫沒有一絲喜悅。

一週後，菲力展開二次探訪，他發現媽媽變得狼狽不堪，爸爸看上去像是好幾個月沒睡了。菲力憂心忡忡地提起這件事，布列茲頓反倒鬆了一口氣說：「這對夫妻總算為新生兒騰出了作亂的空間。」

菲力看到的外在混亂景象，正反映出養育新生兒的真實境況，因為有太多突發狀況了。嬰兒要在人生頭幾個月裡發展自體感，一定要有不確定的因素去刺激他。一開始，母親都能夠掌握嬰兒所有的需求，這就是溫尼考特所說的原初母性專注

（primary maternal preoccupation）。接下來，媽媽勢必會遇到困難，無法滿足嬰兒的各種需求。其實她也不需要十全十美，畢竟孩子的能力會逐漸增加，成為獨立的個體，需求會越來越複雜。夠好的母親當然不完美，但正因如此，小孩才有空間去成長。

教養過程中，有許多確定與不確定的因素，家長必須找到平衡。在威權式教養（authoritarian parenting）下，父母講的話就是聖旨，家裡就像一言堂，那小孩調節情感的能力就可能受到影響。相對的，在威信式教養（authoritative parenting）下，孩子的情感調節力與社交能力比較好，想法也比較有彈性。威信型父母尊重孩子的需求，也比較有好奇心。他們願意接納孩子的強烈情緒，並以適當的涵容態度來約束孩子的行為。

在理想狀況下，為人父母後自然而然就會展現出家長的威信，毋須閱讀教養書就能發展出這種特質。那麼，哪些因素會導致家長喪失威信？壓力無疑是罪魁禍首，有可能是來自像磨娘精一樣的孩子，也有可能是工作和事業兩頭燒。現代社會步調緊張，而且小家庭屬於常態，家裡缺乏人手照顧孩子。除此之外，父母之間、手足之間及不同世代間難解的關係也會對教養產生壓力。

親子治療師的工作，就是幫助家長找回這種自然形成的威信。治療師只要提供空間和時間讓家長敘說自己的故事，藉此排解日常生活的煩惱，家長自然會理解或發現兒童行為背後的意義。

家長常常把希望放在兒科醫師或教養專家身上，希望他們能給予專業建議或判斷。親子關係專家穆卡西（Kaitlin Mulcahey）醫師目前在蒙特克萊爾州立大學（Montclair State University）做研究，最近她在一場演講中坦承，有個案前來尋求建議時，身為治療者也有壓力。家長期望獲得解答，專家則希望自己能幫得上忙。穆卡西說她有個簡單的方法能緩解這種壓力。家長遇到難題來諮詢時，她會先暫停對話，深深吸一口氣然後慢慢吐氣。她發現這個舉動能創造出一個小小的開放空間，讓家長先自我觀察，再想出新穎的做法。家長本來還煩惱孩子不好帶，深呼吸後就會有不同的觀點：「我發現，只要把她抱在肩膀上，她就會變得比較放鬆。」還有家長說：「放音樂比較能讓她冷靜下來。」無論你是專家、家長、伴侶、同事或朋友，每一次深呼吸都能幫助你緩解焦慮，創造一個無邊無際的空間，在這裡只需要做一件事，那就是傾聽。

治療師和家長對話時，有時會不自覺地提出教養上的方針，但是沒有充分了解情況有多複雜，就貿然提出或接受建議，反而對事情沒有幫助。要等到家長茅塞頓開，了解問題的前因後果，親子才能重拾連結，體會到無以復加的喜悅和興奮感。

接納差異、修復人際關係的裂痕，各方面的能力就會大幅提升。煩躁的寶寶平靜下來，安心地躺在媽媽的胸口吃奶；學步期的幼兒暴走時，家長能展現涵容的態度；妹妹盡釋前嫌成為姊姊的伴娘。無論是對朋友、配偶或同事，只要能修復關係、培養更密切的感情，那自己內心的喜悅感就會不斷湧現。如同我們在第四章所見，自體感和親密能力是一體兩面。所以人與人相處時要為彼此保留空間，勇於面對不確定的因素。在一次次的修復經驗中，關係就能達到更新的層次，更多元也更完整，即使未來有更多不確定的因素，我們也能接受挑戰。

接受自己並非全知全能，才能培養真正的同理心

「我了解你的感受」是一句立意良善的話，不過有時候，這種充滿同情心（sympathy）的話聽起來卻很刺耳。同理心（empathy）則相反，它包含「保留未知」（not-knowing）的態度。美國小說家傑米森（Leslie Jamison）在《同理心試驗》（*The Empathy Exams*）中談到這種不確定性：「想要有同理心，就先保持好奇心與想像力。

你知道自己一無所知，畢竟地平線沒有盡頭，前方有太多看不見的事物。」[3] 唯有承認，自己無法真正懂得別人的感受，我們才能將心比心，踏入對方的世界。

要如何保持開放的心胸，接受未來有許多不確定因素？關鍵在於好奇心與包容心：若家長願意傾聽孩子的心聲，那他們長大後就比較能接納未知的事物。有位同事多年前跟著布列茲頓一起巡視嬰兒房。他發現，布列茲頓對新生兒極具同理心，總是能細心觀察、解讀嬰兒的一舉一動。他要一探究竟，看看這個新人類有什麼個性和表現。他知道這個新生嬰兒有話要說，也知道自己了解的事物很有限。

家長對新生兒的摯愛之情，就跟成年人陷入愛河的過程極為相似。熱戀時，不論在思想與生活層面，彼此都想與對方合而為一，也不管他人的勸告。母親也是一樣，一開始展現「原初母性專注」，為孩子全心奉獻。但這個階段不會持續很久，現實生活的壓力很快就會發揮作用。看看以下這個例子。

麥立克初識泰勒時正好處在低潮期，獨自在異鄉，感覺自己無依無靠，十分孤單。兩個人很快便互相吸引，成日浸淫在蜜月期的美好氣氛中。兩人越來越親密，也無可避免地會產生衝突。以前，麥立克的爺爺喝了酒就會對孩子拳腳相向，所以麥立克的父親構築了一道防火牆，拒絕跟人有情感交流，包括對自己的孩子。因此，麥立克童年時很少跟人起衝突。

有一次，麥立克和泰勒起了口角。他們在討論是否要回泰勒老家過感恩節，而麥立克下意識就想逃避爭執。麥立克時常焦慮、情緒不穩定，而泰勒總是平靜又沉穩。她積極鼓勵麥立克走出自己的世界。起初麥立克認為，泰勒想回自己的老家過感恩節，是對他的家人有意見。然而泰勒的動機並非如此，她只是擔心父母年紀越來越大，相處的時間所剩無幾，所以希望能把握節日陪伴家人。好好傾聽彼此的想法，就能理解對方的出發點，並體會對方的心情。

在這次修復關係的過程中，麥立克學會停下來深呼吸，放開心胸，接納自己跟伴侶的差異，畢竟泰勒不是他肚子裡的蛔蟲。兩個人一起探索不確定的因素，建立起更深刻的連結，並共享生活意義。他們對彼此的愛與日俱增。

精神外科醫師卡拉尼提（Paul Kalanithi）三十七歲死於肺癌，留下未完成的淒美回憶錄——《當呼吸化為空氣》。卡拉尼提在書中寫道：「『希望』第一次出現在英文中大約是一千年前，結合了信心與欲求兩種意思。」[4]這個定義可以套用到形形色色的關係。在生活中，不斷試著彌補關係的裂痕，就能慢慢體會到人與人之間的凝聚力，於是產生信心，知道「我們一起會克服難關」。彼此的親密感與信任提高後，就會對對方有所企求。

也許，麥立克正是和泰勒相處，才能發掘對人生的希望。這段戀情與他的兒時經驗截然不同。他不用再擔心情感會有波動，即使偶有誤解，還是有挽回的餘地。事實上，誤解正是修復關係不可或缺的一環，是成長蛻變的能量來源。從誤解到理解，人與人自然會產生共鳴，連結就更密切了。

假如你感到無助，覺得自己沒有修復關係的能力，那最好不要再死守著既定的生活意義。否則，你就無法傾聽對方的心聲，繼而掉入更深的絕望中。反之，假如你不斷成功地修補裂痕，體會到和好的喜悅，生活就會進入正向回饋的迴圈。你會打從心底產生希望，並且秉持好奇心傾聽對方的心聲，建立更密切的連結，自己也會有所成長。

在失和與修復的過程中，個體會打從心裡萌生希望。他不再偏執地以為自己無所不知，而是有勇氣去面對不確定的因素與失序的狀態。只要懷抱希望，就能觸發同理心，將心比心地去傾聽對方的心聲。不管面對的難題是大是小，只要雙方攜手合作，就能想出嶄新的解決之道。

面對人際關係問題，過於簡化的解方只會令人無法成長

在最近一場演講上，有位年輕女性聽眾問了一個頗有意思的問題。她先提到，母親患有嚴重精神疾病，父親無法付出關懷與陪伴，親子間經年累月的失和從未獲得修復。她很困惑：「我應該要回頭去消除和父母的問題，還是從此時此刻開始建構新的生活意義？」回首來時路，她只看見一條崎嶇不平的險路，或說死路。不難想見這位聽眾所背負的壓力，她也許不願意，也不知道該如何開頭談自己的傷痛。

問題的解答本身就有許多不確定性，向前邁進的新道路也會有它的裂縫、坑洞，想要修通童年的逆境經驗，就必須從現在開始，勇於面對矛盾，並且不斷修復裂痕。投入新的關係，就有機會得到療癒，創造更新的自我認同，繼而重新解讀早期的生命經驗，形成嶄新一致的自體。你可以選擇從不同的視角理解過去的經驗，而不是緊抓著僵化死板的生活意義，耽溺於憤怒與創痛而不斷傷害自己。看見傷痕累累的自己，為早期經驗建構新意義，才能夠卸下心防，化解當前遇到的衝突與矛盾，最終締結更加深刻、有意義的連結。

數十年來，我們從面無表情相關研究以及許多臨床個案中學到，放開心胸，接

納生活的混亂，才能創造無窮無盡的修復契機，修建嶄新的連結之路。只要你願意投入新關係創造新意義，過去的傷口就能夠被撫癒。大多數的人，總是問題拖太久沒有解決，或根本就很少與人有矛盾、不懂如何修復。不要害怕，只要活著就有機會改變生存的方式和意義，美好生活永遠都在前方等著你。

現代社會充斥「伸手牌文化」，一遇到問題，大家只想要透過「懶人包」找尋淺顯易懂的解答。相形之下，鮮少有人勇於面對不確定的因素，並努力彌補人與人的裂痕。其實，只要試著化解誤解和矛盾，關係通常就能獲得長足進展；人若是抗拒溝通，死守著僵化的人生意義，內心就無法感到平靜。有些人用盡全力，緊抓著已知的一切，深怕一步錯步步錯，反倒會錯失成長的機會。

在年輕世代中，焦慮和憂鬱儼然成為流行病，有一部分的原因是對生活有不切實際的期待。他們總認為，只要能避免受到折磨，付出多少代價都好。多數人都誤以為，生活中最好只存在已知的事物，但人生中有太多不確定與混亂的情況，若不願意面對它們，就會錯失成長與改變的契機，找不到新的生活意義。

淺顯易懂的解答也許能解一時之渴，讓你得到一時的慰藉，不過長期來看，它們會阻礙你朝健全的方向發展。與其讓自己沉溺在無助感中，不如主動面對人與人的裂痕，努力修復關係，以化解生活的各種逆境。保有好奇心與善意，傾聽他人的心聲，即使問題一時無法解決，甚至還會繼續出錯，但至少你能與他人保持連結，發現希望就掌握在自己手中。

第11章
跨出人際關係的舒適圈，才能找到歸屬感

安東尼正在研討會上發表演說，題為「帶著好奇心來聽孩子的心聲」，底下聽眾都是教育工作者，不過他發現，有個小孩坐在媽媽的腿上動來動去。安東尼心想，這位聽眾顯然找不到人帶小孩，只好把年幼的女兒帶在身邊。出乎意料之外，在聽眾提問的階段，這個小女孩中緩緩舉起小手，安東尼正好可以示範如何以好奇心聽孩子說話。女孩以稚嫩的聲音問道：「我可以要更多的蠟筆嗎？」安東尼想了一下，順著女孩的話反問：「妳現在有幾隻蠟筆？」女孩發現自己加入大人的會議中，於是開心地展開雙臂比畫了一下：「這麼多！」接著繼續塗鴉。顯然女孩不在乎自己能不能多要幾隻蠟筆，而是有機會加入眾人的討論。聽到講者從自己的角度回應問題，她感到心滿意足。

對其他與會者來說，這個三歲女孩的問題沒有道理，講者怎會知道蠟筆在哪，

這個問題不是應該去問媽媽嗎？講者在台上對著一群人演講，哪會準備這麼多道具？不過安東尼並沒有對女孩置之不理，也沒有敷衍她，反而用一種有趣的方式表現出自己並非無所不知。他不光對小女孩的想法感到好奇，也很想探索她提問的動機。她真的想多要一點蠟筆嗎？或只是想參與對話？安東尼回應女童的問題以後，她的喜悅之情感染了在座所有聽眾，每個人都笑著拍手叫好。這段插曲無疑是本場演講最令人印象深刻的片段，讓與會的教育工作者更清楚如何與學生打成一片。

布列茲頓懂得與新生兒交流，也花時間跟家長一起觀察新生兒的溝通模式。我們因此了解，在日常生活中與人互動時，要保留未知的空間。他發現家長和新生兒不大能明白彼此的意圖，所以設計一些方法，幫助家長去探索新生兒的意圖，了解新生兒行為的意義。從布列茲頓數十年來的臨床經驗中，我們發現，人與人互動時，若不清楚對方的意圖，可以試著創造嬉戲、玩樂的氣氛。這麼一來，雙方可以一起經歷混亂失序的時刻，從誤解、溝通不良中探索彼此的觀點，繼而形成強韌的人際連結。

有些伴侶自信太過、太獨斷，會讓另一半感覺自己被忽略。正如在我們的實驗中，嬰兒無法理解母親的木然表情，只不過成人的被冷落感更強烈。在現實世界的社交互動中，想法太過獨斷，會切斷所有彈性空間，讓彼此失去衝突與修復關係的機會。假如你困在有問題的人際關係，就必須停下來，花時間去思考對方潛藏的意圖和動機：是不是工作一整天讓他感覺筋疲力盡？他在擔心生病的朋友嗎？會不會他的看法其實是對的？此外，省思自己的意圖也很重要：為什麼你堅持某個論點？你設定的生活意義為什麼比此刻互動的感覺還重要？你是否將過去與人相處的經驗套用到當前的社交活動中？

這一切問題的起因在於，不管是與親人或伴侶相處，或是在社交生活中，你都無法以遊戲的心態與對方互動。把人際互動當作一種遊戲，勢必要面對許多不確定的因素。一開始彼此都不了解對方的觀點，保持彈性，才能看到對方真實的樣貌。現代人常常都覺得自己常被忽略、說話沒人聽。假如每個人從出生後沒多久就體認到，人與人的相處有許多不確定因子，那也許我們就能建構一個新社會，當中所有人都能獲得認同並且找到歸屬。

學習傾聽嬰兒想傳達的訊息

學習適應外界環境時，新生兒的大腦每秒可以產生百萬個神經連結。在分分秒秒的親子互動中，新生兒初生的自體感以及家長新的自我認同感會逐漸成形，人際關係的架構也會出現並慢慢改變。剛生下來沒幾天，孩子有任何混亂的舉動都是正常的，除了荷爾蒙的變化，他也會體會到無法言喻的恐懼感。這些因素都是推動改變的不確定因子。

在臨床實務上，我們有新生兒行為觀察參考指標以及新生兒加護病房網之新生兒神經行為量表。在布列茲頓的精心設計下，家長和新生兒可以共同參與這些評量。透過布列茲頓專屬的紅色小球、塑膠盒以及手電筒，我們可以了解新生兒的內心戲。有了這些方法及工具，家長就能及時認識自己的嬰兒。專家應該付出時間去傾聽家長和嬰兒的心聲，並試著讓大眾了解，親子要一起攜手解決問題，而不是妄想要找到正確的教養方式。嬰兒來到這個世界沒多久，就會形成自己的判斷與看法。只要家長願意和小孩一起體驗變動又難以預測的互動關係，就能攜手找出更好的解決之道，更勝專家制式化的治療策略。

舉例來說，研究者與臨床醫師會利用工具觀察睡眠中的寶寶。他們發現，有些寶寶聽到一兩次塑膠盒的響聲後就習慣了，能夠酣然入睡。有些嬰兒每一次都會被嚇到，聽了十次也無法熟悉，而他們和世界交流的方式就是發出強烈反應。但家長常常睡眠不足，常常以為嬰兒斷斷續續的睡眠模式是自己的錯，於是心情陷入憂鬱。

仔細觀察寶寶的行為，我們才有時間和空間去重新理解他想表達的意義。嬰兒並非在說「你是壞媽媽」，而是「我想要安靜的空間」。了解這些新意義，家長就會設法去修復親子間的裂痕。溫柔的說話聲、幽暗的燈線以及和緩的音樂，都能幫助寶寶冷靜下來，緩解睡眠中斷的不適感。裂痕修補後，家長會比較有自信，感到有能力去安撫容易不安的孩子。隨著時間流逝，經過時時刻刻的互動，親子的關係就會一點一滴更加健全。

因此，只要護理師、醫師等專業人員願意付出時間，一同和家長觀察新生兒的表達方式，就能找出孩子的天生特質。初為人父或人母總是感到煎熬，在專業的協助下，心情才能舒緩一些。

麥凱拉生下艾倫不久後，我們在醫院一起陪她認識新生兒。麥凱拉擔心，寶寶會覺得她是陌生人。當時，一般女性都受到文化氛圍所影響，希望親子能百分百契合，但幸好麥凱拉願意吐露心裡恐懼的事。把恐懼的念頭說出來，情緒的附著力就會漸弱，這樣麥凱拉才能放開心胸去認識自己的孩子。我們問她是否有發現艾倫的特別之處，她驚喜地告訴我們：「他喜歡靠在我的肩膀上，而且躺著的時候喜歡動來動去，不喜歡被毯子包住。」她的發現還真多！幾週後，麥凱拉帶著艾倫來回診，她的眼眶噙著淚水，哽咽地說：「我現在常跟他說『我愛你』，而且真的是打從心裡說出口。」

麥凱拉一開始矛盾的情緒在新手家長身上很常見。他們總覺得自己不該表達內心的感受，結果讓問題越來越嚴重。他們不知該如何解讀孩子的溝通訊息，又不向人求助，那親子關係就會變得疏離，並產生自我懷疑與罪惡感，情況就會更加惡化。這些憂鬱的心情都很正常，但我們總是怕丟臉、被取笑，所以不敢說出口。隨著時間過去，在人與人來來回回的互動中，那些負面的心情就會一點一滴扭曲我們的生活意義。

既然每個人存活與存在的意義都根植於幼年時與照顧者的關係，那麼要建立健全的社會，我們就要更努力關注那個階段的相處經歷。

透過專業人士的協助，讓新手父母不再慌張

在麻州西邊的南波克夏郡（South Berkshire County），我們和費爾維尤醫院（Fairview Hospital）的專家設計出創意十足的方法，讓親子互動時可以保留許多開

放而未知的空間。我們找來各個領域的專家，以布列茲頓的觀察策略為核心，帶著家長一同學習這套方法，以發掘新生兒強大的連結力以及獨一無二的交流方式。這項計畫獲得許多在地組織資助，由此可見，家長其實很需要社群的支持，才能自然而然地展現威信，才能度過這段失序但又關鍵的教養過渡期。

二〇一六年十一月，在一個雷雨交加的日子，我們和費爾維尤醫院的護理師召開會議，這就是「哈囉，是我計畫」(Hello It's Me Project）的起始點。[1]在我們的號召下，婦產科護理人員及相關的專業人員，在新生兒出生的幾個月，帶著家長一起探索孩子的溝通方式。

護理師一共有十位，都是經驗豐富的老手，每年約參與兩百次接生工作。我們一同擠在狹小的員工休息室。護理師分享個自己的經驗，從業以來，她們不斷目睹新生兒家長手足無措的樣子，卻總是無能為力，只能讓他們帶孩子回家，然後暗自希望他們克服難關。護理師希望能幫助家長，讓他們和新生兒好好相處，所以全神貫注地聆聽簡報，對我們的嶄新計畫非常有興趣。

六個月後的某個春假，天氣在兩天之內從大雪天轉為溫暖的豔陽天，我們展開為期兩天的研習課程，除了那十位護理師，這次還加入兒科醫師、家庭醫師、專科護理師、早療專家、兒童照護機構人員、泌乳顧問等。眾人一同學著觀察新生兒的行為，帶領家長創造彈性的互動空間，以培養好奇心、接納不確定因子。目前的醫療照護理論與架構，大多以專業人士為核心，但是我們希望改變現況，讓父母變成主角，以充分發揮他們為人父母的能力，融入新生嬰兒的世界並做出適當的回應。

「哈囉，是我計畫」已經向北發展到波克夏郡最大的城市匹茲菲爾德（Pittsfield）及鄰近社區。透過這個地區計畫，我們得到截然不同的研究經驗。匹茲菲爾德擁有豐富文化與自然景觀，卻也充斥貧窮、暴力與日益嚴峻的毒品問題。當地的波克夏醫療中心每年接生人數逾七百人，院方發現，百分之三十的新生兒有毒品戒斷症狀，顯然有越來越多家庭陷入危機。這些家庭有各式各樣的社會與經濟困境，除了毒品成癮，許多成員都曾經歷童年逆境或是患有精神疾病。

派蒂在這家醫院的婦產科工作數十年，在一次週末訓練中她提到，這些問題家庭的親子相處模式會傳承到下一個世代。她說：「不過如今，我對下一個世代充滿希望，相信他們能走出一條不一樣的路。」

想要實現安和樂利的社會，要在親子關係中撒下希望的種子

隨著日常分分秒秒的互動，每個人所建構的世界觀會不斷改變。有的人因此充滿希望、富有同理心，有的人感到絕望和恐懼，只想逃離一切。當然，短暫觀察新生嬰兒的行為，還不足以改變他或其他家人的生命歷程，但是這絕對是無數個瞬間相遇的起點。

請注意，派蒂是以「充滿希望」來總結自己的想法。我們第一次見面時，眾人擠在婦產科那個悶熱狹隘的休息室，那個空間很難給人什麼光明希望的心情。一年後同樣在這間休息室，護理師們卻非常興奮，因為她們將在美國國家護理師研討會上分享各自的經驗。現在他們有健全的制度，有足夠的時間和家長及其他照顧者一同觀察新生兒。所以他們不再感到失望無助。

他們提到，有位媽媽名叫貝絲，孩子還在肚子裡時，生父就拋下母女倆。貝絲於是成為單親媽媽，每天陷入痛苦和恐懼中，因此鮮少與兒子查理互動。生下查理以後，她也不怎麼有興致餵母奶。查理是個安靜的寶寶，不會用尖叫來吸引媽媽的注意力，而是沉沉睡去。母子關係漸漸疏離，如果沒有趕緊想辦法修補，一定會產

生嚴重後果。護理師警覺到，孩子發育上恐怕會有問題，所以他們設法讓貝絲注意到，查理找尋媽媽的聲音時，頭部會轉動九十度。他們告訴貝絲，每當她把手放在查理胸前，他就會冷靜下來，不會再做出紊亂的肢體動作。看到這些細節後，貝絲又驚又喜，原來寶寶這麼依靠她。於是她開始設定鬧鐘，在半夜爬起來餵母乳。

這群護理師親眼見證到，人與人相遇瞬間所產生的力量，因而受到莫大鼓舞。有些家庭陷入困難、特別脆弱，更需要人協助。與家長合作是非常寶貴的經驗，他們因此在工作上得到全新的正能量，覺得充滿希望。他們還在一場研討會上和其他同仁分享這些經驗，並詳細說明，如何找時間和孩子互動、探索一些不確定的因素，最終建立深遠的生活意義。[2]他們知道，新生兒要好好長大，照顧者必須多少犯下一些錯誤，而透過專家的介入協助，照顧者就能把錯誤變成有意義的經驗。所以，我們應該轉移重心，幫助家長成為孩子專屬的育兒專家，而不是依靠外界的相關從業人員。

首次研習課程後一年，在另一場當地的研討會上，費爾維尤的護理師觀賞了面無表情的實驗影片。數月後我們再次拜訪這群護理師，他們說這個實驗與相關研究為他們的工作帶來第二個轉捩點。他們開始以不同視角看待寶寶驚人的連結能力，同時也發現，如果失去連結，寶寶的成長發育就會有嚴重問題。

為了傳授臨床及研究經驗，布列茲頓拜訪過許多飽受戰爭摧殘的國家。每當他目睹駭人的場面，並感到心力交瘁，就會去探視新手媽媽和新生嬰兒。花時間觀看母子分分秒秒的互動，他就會感覺人生有希望。這一小群護理師也有一樣的感受：若全國上下每個人都看過這種畫面，那社會的氣氛會多有正面。每個人都看到家長與新生兒的密切連結，覺得充滿希望。在時時刻刻的失和與修復中，人們不斷累積微小的希望，這過程對嬰兒及其父母別具意義，對護理師以及所有醫護人員也是如此。這些意義深遠的互動會對社群產生深刻影響。人與人之間保持善意、專心傾聽彼此的聲音、不時彌補裂痕，透過這些作為，我們就能種下希望的種子，孕育健康安樂的社群。

布列茲頓指引家長如何觀察新生兒，但這個方法不是萬靈丹。它是一個架構，讓我們學習接受相處時的混亂、不確定因素。勇於面對矛盾、修復關係，就能奠定彼此信任的基礎，找出方法深度體會對方的立場。

從個人開始修補裂痕，以創造連結更密切的社會

在現今社會中，人人死守一成不變的立場，同理心越來越少，任由恐懼主導自己的社交互動模式。我們一再錯失修復感情的契機，因此喪失動力，無法再向前邁進。

二〇二〇年，某位美國總統候選人意外掀起論戰：莎莎醬可不可以混田園沙拉醬？《華盛頓郵報》一篇文章指出：「高達百分之四十三的選民表示自己從來沒有嘗試過這種組合，以後也絕對不會這麼做。」[3]近半數的受訪民眾不會想改變習慣。這個有趣的故事能觸發人們的機智迷走神經，讓大家有共同討論的輕鬆話題，然而故事背後的寓意相當嚴肅且發人深省。當今還是有許多人害怕社會中有太多與眾不同的因素，然而，由不同的種族和性取向所組成的多元社會，才能激盪出繽紛的火花，這也是美國這個國家的力量泉源。唯有聆聽彼此的意見，在既有的差異中彌補族群間的裂縫，才能藉由修復的力量，一步一步成為真正偉大的國家。

《紐約時報》專欄作家布魯克斯（David Brooks）在〈國家也快離婚了嗎？〉（How to Repair the National Marriage）中談到，社會日益分化，就如同婚姻出現裂痕一樣。

他閱讀了許多關於婚姻的書籍，亟欲找出解決之道，以化解對立的社會氛圍。對於本書的讀者來說，他的結論一點都不令人意外：「老話一句，要想平息混亂的局面，就要先讓社會百花齊放。」[4]

這篇文章底下有將近七百則的網路評論，卻剛好證明人人各執己見，越來越難傾聽對方的看法。布魯克斯的比喻失效，眾人沒有辦法把婚姻的相處之道套用到政治領域中。社會的分歧一天比一天嚴重。

不妨試試看，把社會中的每個人想像成嬰兒，有些人得到妥善的對待，也有些人一再被忽視。透過面無表情實驗，我們找到新方法去深入家長和嬰兒的互動世界，那是語言無法碰觸到的領域。這麼多年來，在世界各地，各行各業都有人向我們反應，面無表情實驗改變了他們的觀念。現在他們對連結與疏離有更深的了解。包括身心科診所、兒童照護中心甚至是執法機構等領域的從業人員，都來信請求授權他們使用實驗影片，以幫助各地的家長及專家了解人際相處之道。

在當前社會，人與人日益疏離，透過面無表情的相關研究，我們就能重新發掘人與人的連結。母親和嬰兒是不同個體，有不同的生活意義、意圖和動機。在理想狀態下，他們會發生衝突，也會竭盡所能修復關係，一同發現嶄新的人生意義。

在此過程中，他們的關係會變得更加深刻而強韌。我們應該要仿效他們的互動模式。在意圖、動機和人生意義上，你和親友與夥伴的差異越大，就越要和對方交流，設法彌補裂痕。唯有人人如此，社會才能有所成長。

面無表情實驗的影響非常深遠，我們從此學會新的教養方式，改變和伴侶相處模式，還能懂得在職場、公民社會等各種領域與他人有所連結。這個實驗改變我們了對於創傷和韌性的認知，並重新理解心理治療的療癒作用。我們也才知道，親子關係需要耕耘，所以政府在擬定社會政策時，應該朝這個方向下功夫。

在播客節目《論存在》（*On Being*）中，主持人提佩特（Krista Tippett）有次請來歷史學家史東布里奇（Lyndsey Stonebridge）談論「寬恕文化」（culture of forgiveness）。史東布里奇解釋道：「人都會犯錯。在一個政治制度與觀念成熟的社會中，人們應該具備寬恕的能力，才能一同解決問題。」提佩特補充道：「在現實環境中，許多事情都是紛亂而複雜，寬恕就是包容這些不堪的情況。」[5]

死守一成不變的立場，反而難以找到歸屬感，唯有親身參與人際互動，體會當中的矛盾與衝突，才能找到屬於自己的位置。只要帶著好奇心，傾聽他人的故事，就算無法找出正確解方，也能創造彼此的連結。你我都是獨一無二的個體，動機和意圖都大不相同。遇到衝突時，和對方一起坦然面對，釐清彼此的觀念有何不同，就能成長蛻變，更懂得修復關係、化解疏離的狀態；畢竟人與人相處一定有摩擦。無論面對哪種關係，如親子、伴侶、手足、朋友以及同事，請記得：「不要害怕面對彼此的差異之處，也不用擔心自己會犯錯、生氣或把關係搞得一團亂，只要記得想方設法彌補裂痕、重拾連結，找出屬於自己的相處之道。」

因此，想要重新建構生活的意義，就得保持耐心，花大把的時間不斷去摸索，才會有所收穫。越是摸不清當前的環境，就更要有耐心地安住於當下，雖然感覺不會多愉快，有時候甚至令人痛苦。放下僵化死板的生活意義，不再守著已知的事物，才能學會信任對方。要有自信，不管相處時出了什麼問題，一定會有辦法可以修補裂痕，這就是人際互動的奧妙之處。唯有如此，我們才不會走向極端，讓衝突越演越烈。發揮靈活思考的能力，多留意不同的情況，才能與他人攜手並進，用全新的視角打造健全而安康的社會。

謝詞

與人共同寫書，就是一種人際關係的練習，當中有太多突發狀況。感謝睿智善良的經紀人亞當斯（Lisa Adams），從一開始的提案到最後無數次的校稿，過程中他給予我們無限包容，引領我們挺過失序的狀態，將兩人各自的心血化為甜美的成果。正是亞當斯居中牽線，我們才能與棕色小火花出版社（Little, Brown Spark）合作，進而認識優秀的資深編輯維吉蘭特（Marisa Vigilante）。感謝編輯無時無刻的支持，為我們的作品提供寶貴意見；特約編輯班漢（Joan Benham）總是理解我們想說的話，用他出色的潤飾技巧，將我們的想法以淺顯易懂的文字呈現在讀者面前。

我們的成就都要歸功於數十年來不斷耕耘心理學領域的先驅。每次工作上有衝突需要化解時，派爾斯（Bob Pyles）與弗洛（Jerry Fromm）認真聽我們訴苦。布列茲頓教導我們從混亂中找到幸福，布魯納教導我們建構生活意義，兩位前輩的話言猶在耳。畢比（Beatrice Beebe）、比格利（Marjorie Beeghly）、康恩（Jeff Cohn）、方那基、吉亞尼諾（Andy Gianino）、佩里、波格斯、桑德、斯萊德（Arietta Slade）、史奈德門、溫鮑格（Katherine Weinberg）等人的傑出研究帶給我們深遠的啟發。

另外，過去十六年來，我們與眾多學者發揮創意、互相交流，激盪出思想上的火花，包括麻州大學波士頓分校心研所親子心理健康學程的理查森（Dorothy Richardson）、達維里爾（Marilyn Davillier）、哈里森（Alex Harrison）、蘇瑞茲—馬若札（Silvia Juarez-Marazzo）、布蘭特（Kristie Brandt）以及波士頓和納帕的所有研究同仁。他們是在研究路上最強大的盟友。

感謝我們在臨床工作及研究生涯中拜訪過的所有家庭，很榮幸能走入你們的日常生活，聆聽你們分享自己的生活經驗；諸位無疑是我們最敬重的學習對象。

最後，我們要感謝各自的人生伴侶，瑪洛琳與喬，謝謝你們指引智慧的道路，在混亂黑暗的時刻帶來無盡歡笑，你們才是真正的關係修復大師，當之無愧。

6. D. W. Winnicott, Playing and Reality (New York: Routledge Classics, 2005).

第十章

1. Simon Critchley, “The Dangers of Certainty: A Lesson from Auschwitz,” New York Times, February 12, 2014; https://opinionator.blogs.nytimes.com /2014/02/02/the-dangers-of-certainty/.
2. Tara Westover, Educated (New York: Penguin, 2018).
3. Leslie Jamison, The Empathy Exams (Minneapolis: Graywolf, 2014), 5.
4. Paul Kalanithi, When Breath Becomes Air (New York: Random House, 2016), 133.

第十一章

1. 詳見計畫官網：https://www.helloitsmeproject.org/.
2. D. Lyle and J. Dallmeyer, “Using the Newborn Behavioral Observations (NBO) System to Pro- mote Healthy Relationships Between Parents and Infants” (presentation, Association of Women’ s Health, Obstetric and Neonatal Nurses Conference, Atlanta, GA, 2019).
3. T. Carman, “We Hear You, Pete Buttigieg. Salsa and Ranch Really Do Taste Great Together,” Washington Post, August 2, 2019; https://www.washingtonpost.com /news/voraciously/wp/2019/08/02/we-hear-you-pete-buttigieg-salsa -and-ranch-really-do-taste-great-together/.
4. David Brooks, “How to Repair the National Marriage,” New York Times, June 4, 2018; https:// www.nytimes.com/2018/06/04/opinion/partisanship-tribalism-marriage -bipartisan-debate.html.
5. K. Tippett, “The Moral World in Dark Times: Hannah Arendt for Now,” On Being, May 18, 2017; https://onbeing.org /programs/lyndsey-stonebridge-the-moral-world-in-dark-times-hannah -arendt-for-now-jun2018/.

14. I. Mueller et al., "In a Heartbeat: Physiological and Behavioral Correlates of Event Memory at 4 Months," Frontiers in Psychology (under review).
15. Robert Furman, "Attention Deficit Hyperactivity Disorder: An Alternative Viewpoint," Journal of Infant, Child, and Adolescent Psychotherapy 2, no. 1 (2002).
16. A. Caspietal., "Genetic Sensitivity to the Environment: The Case of the Serotonin Transporter Gene and Its Implications for Studying Complex Diseases and Traits," American Journal of Psychiatry 167, no. 5 (2010): 509–27.
17. R. Montirosso et al., "Social Stress Regulation in 4-Month-Old Infants: Contribution of Maternal Social Engagement and Infants' 5-HTTLPR Genotype," Early Human Development 91, no. 3 (2015): 173–79.
18. R. Davidson and B. S. McEwen, "Social Influences on Neuroplasticity: Stress and Interventions to Promote Well-Being," Nature Neuroscience 15 (2012): 689–95.
19. M. Nikolas et al., "Gene × Environ- ment Interactions for ADHD: Synergistic Effect of 5HTTLPR Ge- notype and Youth Appraisals of Inter-Parental Conflict," Behavioral and Brain Functions 6 (2010): 23; https://behavioralandbrainfunctions. biomecentral. com/articles/10.1186/1744-9081-6-23.
20. D. Linden, "How Psychotherapy Changes the Brain — the Contribution of Functional Neuroimaging," Molecular Psychiatry 11 (2006): 528–38.

第九章

1. Bessel van der Kolk, The Body Keeps Score: Brain, Mind, and Body in the Healing of Trauma (New York: Viking, 2014).
2. Ibid.,342–44.
3. https://www.decruit.org/cry-havoc/
4. Charles Siebert, "What Does a Parrot Know About PTSD?," New York Times, January 28, 2016; https://www.nytimes.com/2016/01/31/magazine/what-does-a-parrot -know-about-ptsd.html.
5. A.Horvath, "The Therapeutic Relationship: From Transference to Alliance," Journal of Clin cal Psychology 56, no. 2 (2000).

amotherfarfromhome.com/present -but-absent-parent/.

2. D. W. Winnicott, Playing and Reality (New York: Routledge Classics, 2005), 131.
3. Richard Friedman, "Suicide Rates Are Rising: What Should We Do About It?," New York Times, June 11, 2018; https://www.nytimes.com/2018/06/11/opinion/suicide-rates-increase -anthony-bourdain-kate-spade.html.
4. Robert Whitaker, "Suicide in the Age of Prozac," Mad in America (blog), August 6, 2018; https://www .madinamerica.com/2018/08/suicide-in-the-age-of-prozac/.
5. A. F. Lieberman, M. A. Diaz, and P. Van Horn, "Perinatal Child-Parent Psychotherapy: Adaptation of an Evidence-Based Treatment for Pregnant Women and Babies Exposed to Intimate Partner Violence," in How Intimate Partner Violence Affects Children, ed. S. A. Graham-Bermann and A. A. Levendosky (Washington, DC: American Psychological Association, 2011), 47– 68.
6. E. Netsi et al., "Association of Persistent and Severe Postnatal Depression with Child Outcomes," JAMA Psychiatry 75, no. 3 (2018): 247–53; doi: 10.1001 / jamapsychiatry.2017.4363.
7. M. K. Weinberg and E. Z. Tronick, "Emotional Characteristics of Infants Associated with Maternal Depression and Anxiety," Pediatrics 102 (1998): 1298–304.
8. René Spitz, "The Role of Ecological Factors in Emotional Development of Infancy," Child Development 20, no. 3 (1949): 149.
9. 作者注：目前美國國內仍存在團體家屋（group homes）以及居住照護中心。
10. C. Zeanah et al., "Institutional Rearing and Psychiatric Disorders in Romanian Preschool Children," American Journal of Psychiatry 166, no. 7 (2009): 777–85.
11. Maia Szalavitz, "It' s the Orphanages, Stupid!," Forbes, April 20, 2010, https://www.forbes .com/2010/04/20/russia-orphanage-adopt-children-opinions -columnists-medialand.html#71ef91fd21e6.
12. E. Tronick and M. Beeghly, "Infants' Meaning-Making and the Development of Mental Health Problems," American Psychologist 66, no. 2 (2011): 114.
13. E. Tronick and T. Field, eds., Maternal Depression and Infant Disturbance (San Francisco: Jossey-Bass, 1987).

pattern）移動，朝向物體匍匐前進；狗爬式則以俯臥、抬頭、離胸、肚子離地，採不同手不同腳（右手左膝）的動作模式（contralateral pattern）向前移動。
11. J. K. Nugent et al., Understanding Newborn Behavior and Early Relationships: The Newborn Behavioral Observations (NBO) System Handbook (Baltimore: Paul H. Brookes, 2007).

第七章

1. T. Haynes, "Dopamine, Smartphones, and You: A Battle for Your Time," Science in the News (blog), Harvard University Graduate School of Arts and Sciences, May 1, 2018; http://sitn.hms.harvard.edu/flash/2018/dopamine-smartphones-battle -time/.
2. Sherry Turkle, Reclaiming Conversation: The Power of Talk in a Digital Age (New York: Penguin, 2015), 107–8.
3. Hervé Morin, "L' exposition des jeunes enfants aux écrans est devenue un enjeu de santé publique majeur," Le Monde, May 31, 2017.
4. Turkle, Reclaiming Conversation, 108–9.
5. J. Elhai et al., "Problematic Smartphone Use: A Conceptual Overview and Systematic Review of Relations with Anxiety and Depression Psychopathology," Journal of Affective Disorders 207 (2017): 251–59.
6. Tracy Dennis-Tiwary, "Taking Away the Phones Won' t Solve Our Teenagers' Problems," New York Times, July 14, 2018; https://www.nytimes.com/2018/07/14/opinion/sunday/smartphone -addiction-teenagers-stress.html.
7. Erin Vogel et al., "Social Comparison, Social Media, and Self-Esteem," Psychology of Popular Media Culture 3, no. 4 (October 2014): 206–22.
8. Danielle Knafo and Rocco Lo Bosco, The Age of Perversion: Desire and Technology in Psychoanalysis and Culture (New York: Routledge), 62–80.
9. Ibid.,121.

第八章

1. R. Norman, "Avoiding the Trapof the Present but Absent Parent" ; https://

standing the Protective and Damaging Effects of Stress and Stress Mediators," European Journal of Pharmacology 583 (2008): 174–85; doi: 10.1016/j.ejphar.2007.11.071.

第六章

1. D. W. Winnicott, Playing and Reality (New York: Routledge Classics, 2005), 73.
2. F. E. Banella and E. Tronick, "Mutual Regulation and Unique Forms of Implicit Relational Knowing," in Early Interaction and Developmental Psychopathology, ed. G. Apter and E. Devouche (Cham, Switzerland: Springer, 2017).
3. 譯注：重複某一種帶有回饋的活動以達到預期目標或結果，每次重複過程都稱為「迭代」。
4. E. Tronick, The Neurobehavioral and Social- Emotional Development of Infants and Children (New York: W. W. Nor- ton, 2007), 134–52; E. Tronick and M. Beeghly, "Infants' Meaning-Making and the Development of Mental Health Problems," American Psychologist 66, no. 2 (2011): 112–13.
5. Duality' s End: Computational Psychiatry and the Cognitive Science of Representation (Stockbridge, MA, September 2018); https://kripalu.org/presenters -programs/duality-s-end-computational-psychiatry-and-cognitive -science-representation.
6. 譯注：心理師在諮商歷程中蒐集與統整案主在認知、行為、情感與人際等面向的相關資料，企以對案主的心理動力產生統整性與系統性的了解，進而訂定適宜的目標以及後續的處遇計畫。
7. Jerome Bruner, personal communication, 1971.
8. T. Berry Brazelton, interview with Ellen Galinsky, 2010 Families and Work Institute' s Work Life Legacy Award, Mind in the Making, https://www.facebook .com/Mindinthemaking/videos/fwi-2010-legacy-award-berry-brazelton /10156310019352958/.
9. T. B. Brazelton and J. K. Nugent, Neonatal Behavioral Assessment Scale, 4th ed. (London: Mac Keith, 2011).
10. 譯注：嬰兒爬行型式分為俯爬和狗爬式（creeping）。俯爬時，嬰兒以俯臥姿態，抬頭、胸部離地、肚子與大腿貼地，採用同手同腳的動作模式（homolateral

in Postpartum Depression, Mother-Infant Interactions, and Infant Outcome," in Postpartum Depression and Child Development, ed. Lynne Murray and Peter Cooper (New York: Guilford, 1997), 129–30.

11. Richard Powers, The Overstory (New York: W. W. Norton, 2018).
12. Daniela Cabrera, "How to Become a Plant Parent," New York Times, May 14, 2018; https://www.nytimes .com/2018/05/14/smarter-living/indoor-plant-garden.html.

第五章

1. J. DiCorcia and E. Tronick, "Quotidian Resilience: Exploring Mechanisms That Drive Resilience from a Perspective of Everyday Stress and Coping," Neuro- science and Biobehavioral Reviews 35 (2011): 1593–1602.
2. E. Erikson, Childhood and Society (New York: W. W. Norton, 1993), 268–69.
3. J. Shonkoff and A. Garner, "The Lifelong Effects of Early Childhood Adversity and Toxic Stress," Pediatrics 129, no. 1 (2012): 232–46.
4. Centers for Disease Control and Prevention, "Adverse Childhood Experiences (ACEs)," May 13, 2014; http://www.cdc.gov/violenceprevention/acestudy/.
5. Oprah Winfrey, "Treating Childhood Trauma," 60 Minutes, CBS, aired March 11, 2018; https://www.cbsnews .com/news/oprah-winfrey-treating-childhood-trauma/.
6. B. Perry, "Applying Principles of Neurodevelopment to Clinical Work with Mal- treated and Traumatized Children," in Working with Traumatized Youth in Child Welfare, ed. N. B. Webb (New York: Guilford, 2006), 46; B. Perry, "Examining Child Maltreatment Through a Neurodevelop- mental Lens: Clinical Applications of the Neurosequential Model of Therapeutics," Journal of Trauma and Loss 14 (2009): 240–55.
7. F. R. Rodman, ed., The Spontaneous Gesture: Selected Letters of D. W. Winnicott (Cambridge, MA: Harvard University Press, 1987), 17–19.
8. D. W. Winnicott, Playing and Reality (New York: Routledge Classics, 2005), 131.
9. M. Muller et al., "What Dyadic Reparation Is Meant to Do: An Association with Infant Cortisol Reactivity," Psychopathology 48 (2015): 386–99.
10. B. S. McEwen, "Central Effects of Stress Hormones in Health and Disease: Under-

2. M. K. Weinberg et al., "Gender Differences in Emotional Expressivity and Self-Regulation During Early Infancy," *Developmental Psychology* 35 (1999): 175–88.
3. 譯注：蘇聯心理學家維高斯基（Lev S. Vygotsky）提出「近側發展區」(Zone of Proximal Development)，描述兒童獨自表現所能達到的能力水準，與經由別人給予協助後可能達到的能力水準，此兩種水準之間的差距就是近側發展區。在這種情形下，別人給予兒童的協助，包括成人的協助或關係互動等社會支持，對兒童的認知發展具有促進作用。後續布魯納、羅斯（Gail Ross）和伍德（David Wood）衍伸進側發展區的概念，將兒童得自成人或同儕的社會支援隱喻為「鷹架支持」，說明最初兒童需要在成人或同儕的支持下學習，等到能力漸漸提升後，社會支持就會逐漸減少，學習的責任也會逐漸轉移到兒童自己身上。
4. Sue Johnson and E. Tronick, "Love Sense: From Infant to Adult," DrSueJohnson.com, February 5, 2016; http://drsuejohnson.com/uncategorized/love-sense-from-infant-to-adult/.
5. J. Ronald Lally, "The Human Brain's Need for a 'Social Womb' During Infancy," For Our Babies Campaign, April 2014; https://forourbabies.org/wp-content/uploads/2014/04/The-Human -Brains-Need-for-a-Social-WombFINALApril2014.pdf.
6. Claudia M. Gold, *Keeping Your Child in Mind: Overcoming Defiance, Tantrums, and Other Everyday Behavior Problems by Seeing the World Through Your Child's Eyes* (Boston: Da Capo, 2011), 58.
7. E. Tronick, "Emotions and Emotional Communication in Infants," American Psychologist 44, no. 2 (1989): 113
8. E. Tronick, "An Acute Maternal Stress Paradigm" (manuscript in preparation).
9. M. Nikolas et al., "Gene×Environment Interactions for ADHD: Synergistic Effect of 5HTTLPR Genotype and Youth Appraisals of Inter-Parental Conflict," Behavioral and Brain Functions 6 (2010): 23; https://behavioraland brainfunctions.bi omedcentral.com/articles/10.1186 /1744-9081-6-23 .
10. E. Netsi et al., "Association of Persistent and Severe Postnatal Depression with Child Outcomes," JAMA Psychiatry 75, no. 3 (2018): 247–53; doi: 10.1001/jamapsychiatry .2017.4363; L. Murray and P. Cooper, "The Role of Infant and Maternal Factors

第三章

1. E. Tronick and M. Beeghly, "Infants' Meaning-Making and the Development of Mental Health Problems," American Psychologist 66, no. 2 (2011): 109–10.
2. 譯注：交感與副交感神經的作用類似翹翹板，一方較為活躍時，另一方則較為抑制，彼此相反的特徵會互相協調以保持身體平衡。
3. Stephen Porges, The Polyvagal Theory: Neurophysiologic Foundations of Emotions, Attachment, Communication, and Self-Regulation (New York: W. W. Norton, 2011).
4. Stephen Porges, The Pocket Guide to the Polyvagal Theory (New York: W. W. Norton, 2017), 147.
5. J. House, K. Landis, and D. Umberson, "Social Relationships and Health," Science 241, no. 4865 (1988): 540–45.
6. Hannah Furness, "Prince Harry: I Sought Counselling After 20 Years of Not Thinking About the Death of My Mother, Diana, and Two Years of Total Chaos in My Life," Daily Telegraph, April 19, 2017; https://www.telegraph.co.uk/news/2017/04/16 / prince-harry-sought-counselling-death-mother-led-two-years-total/.
7. 詳見官網：https://www.headstogether.org.uk/.
8. J. Kagan et al., "The Preservation of Two Infant Temperaments into Adolescence," Monographs for the Society for Research in Child Development 72, no. 2 (2007): 1–75.
9. Porges, The Polyvagal Theory, 253.
10. 詳見官網：https://www.circleofsecurityinternational.com/.
11. A. J. Willingham, "Baby Shark Has Taken over the World. Here's Who's Responsible," CNN.com, January 15, 2019; https://www.cnn.com/2019/01/15/entertainment/baby-shark-pinkfong-song-trnd/index.html.
12. Porges, Pocket Guide to the Polyvagal Theory, 25.

第四章

1. D. W. Winnicott, *The Maturational Processes and the Facilitating Environment: Studies in the Theory of Emotional Development* (New York: International Universities Press, 1965), 30–33.

5. Kate Wong, "Why Humans Give Birth to Helpless Babies," Observations (blog), Scientific American, August 28, 2012; http://blogs.scientificamerican.com / observations/why-humans-give-birth-to-helpless-babies/.
6. D. W. Winnicott, Winnicott on the Child (Cambridge, MA: Perseus, 2002), 12–18.
7. D. W. Winnicott, Playing and Reality (New York: Routledge Classics, 2005), 14.
8. 同上注，頁187。
9. Winnicott, Winnicott on the Child, 102.
10. T. B. Brazelton and J. Sparrow, Touchpoints: Birth to Three, 2nd ed. (Cambridge, MA: Da Capo, 2006), xx.
11. S. Sherry and M. Smith, "Young People Drowning in a Rising Tide of Perfectionism," Medical Xpress.com, February 6, 2019; https://medicalxpress.com/news/2019-02-young-people-tide-perfectionism.html.
12. P. L. Hewitt et al., "The Multidimensional Perfectionism Scale: Reliability, Validity, and Psychometric Properties in Psychiatric Samples," Psychological Assessment 3, no. 3 (1991): 464–68; http://doi.org/10.1037/1040-3590.3.3.464.
13. T. Curran and P. Andrew, "Perfectionism Is Increasing over Time: A Meta-Analysis of Birth Cohort Differences from 1989 to 2016," Psychological Bulletin, December 28, 2017.
14. Jane Adams, "More College Students Seem to Be Majoring in Perfection," New York Times, January 18, 2018; https://www.nytimes.com/2018/01/18/well/family
15. Katie Hurley, No More Mean Girls: The Secret to Raising Strong, Confident, and Compassionate Girls (New York: Penguin, 2018), 97.
16. P. L. Hewitt and G. L. Flett, "Perfectionism in the Self and Social Contexts: Conceptualization, Assessment, and Association with Psychopathology," Journal of Personality and Social Psychology 60 (1991): 456–70; doi: 10.1037/0022-3514.60.3.45.
17. D. W. Winnicott, The Maturational Processes and the Facilitating Environment: Studies in the Theory of Emotional Development (New York: International Universities Press, 1965), 49.

Social Science and Medicine 119 (2014): 232–39.

16. R. Yehuda et al., "Vulnerability to Posttraumatic Stress Disorder in Adult Offspring of Holocaust Survivors," American Journal of Psychiatry 155, no. 9 (September 1998): 1163–72.
17. D. W. Winnicott, The Maturational Processes and the Facilitating Environment: Studies in the Theory of Emotional Development (New York: International Universities Press, 1965), 141.
18. J. D. Safran, J. C. Muran, and C. Eubanks-Carter, "Repairing Alliance Ruptures," Psychotherapy 48, no. 1 (2011): 80–87; http://dx.doi.org/10.1037 /a0022140.
19. Leston Havens, "The Best Kept Secret: How to Form an Effective Alliance," Harvard Review of Psychiatry 12, no. 1 (2004): 56–62.
20. E. Tronick and B. D. Perry, "The Multiple Levels of Meaning Making: The First Principles of Changing Meanings in Development and Therapy," in Handbook of Body Therapy and Somatic Psychology, ed. G. Marlock et al. (Berkeley, CA: North Atlantic Books, 2015), 345–55.
21. Letter to Marie Bonaparte, quoted in Ernest Jones, The Life and Work of Sigmund Freud, vol. 2 (New York: Basic Books, 1955).

第二章

1. M. Weinberg et al., "A Still-Face Paradigm for Young Children: 21⁄2-Year-Olds' Reactions to Maternal Unavailability During the Still-Face," Journal of Developmental Processes 3, no. 1 (2008): 4–20.
2. D. W. Winnicott, The Collected Works of D. W. Winnicott, vol. 3, ed. L. Caldwell and H. Taylor Robin- son (Oxford: Oxford University Press, 2017), 45.
3. Steven H. Cooper, "An Elegant Mess: Reflections on the Research of Edward Z. Tronick," Psychoanalytic Inquiry 35, no. 4 (2015): 337–54; ttps://doi.org/10.1080/07351690.2015.1022477.
4. Into the Universe with Stephen Hawking, documentary, Discovery Channel, released April 25, 2010.

point on the Ontogeny of 'Structures,' " in Communicative Structures and Psychic Structures, ed. N. Freedman and S. Grand (Boston: Springer, 1977), 1–34; Louis Sander, "Thinking Differently: Principles of Process in Living Systems and the Specificity of Being Known," Psychoanalytic Dialogues 12 (2002): 11–42; https://doi.org/10.1080/10481881209348652.

7. A. Gianino and E. Tronick, "The Mutual Regulation Model: The Infant's Self and Interactive Regulation and Coping and Defensive Capacities," in Stress and Coping, ed. T. Field, P. McCabe, and N. Schneiderman (Hillsdale, NJ: Lawrence Erlbaum Associates, 1988), 47–68.
8. A. Gianino and E. Tronick, "The Mutual Regulation Model: The Infant's Self and Interactive Regulation and Coping and Defensive Capacities," in Stress and Coping, ed. T. Field, P. McCabe, and N. Schneiderman (Hillsdale, NJ: Lawrence Erlbaum Associates, 1988), 47–68.
9. C. Reck et al., "The Interactive Coordination of Cur- rently Depressed Inpatient Mothers and Their Infants During the Postpartum Period," Infant Mental Health Journal 32, no. 5 (2011): 542–62; E. Tronick and M. Beeghly, "Infants' Meaning-Making and the Development of Mental Health Problems," American Psychologist 66, no. 2 (2011): 114–15.
10. Sander, "Regulation of Exchange," 15.
11. Tronick and Beeghly, "Infants' Meaning-Making," 107–19.
12. Stephen Hawking, A Brief History of Time (New York: Bantam, 1988), 124–25.
13. M. Potiriadis et al., "Serotonin Transporter Polymorphism (5HTTLPR), Severe Childhood Abuse, and Depressive Symptom Trajectories in Adulthood," British Journal of Psychiatry Open 1, no. 1 (September 2015): 104–9.
14. T. Roseboom et al., "Hungry in the Womb: What Are the Consequences? Lessons from the Dutch Famine," Maturitas 70, no. 2 (2011): 141-45; https://linkinghub.elsevier.com/retrieve/pii/S0378512211002337.
15. P. Ekamper et al., "Independent and Additive Association of Prenatal Famine Exposure and Intermediary Life Conditions with Adult Mortality Between Age 18–63 Years,"

18. 譯注：該量表由布列茲頓及其同事共同編製，又稱為「布氏新生兒行為量表」(Brazelton Neonatal Assessment Scale)，旨在提供新生兒的神經、社交與行為功能相關指標，適用對象為三天至四週大的嬰兒。
19. 譯注：NBO並非評估量表或測驗，而是以嬰幼兒家庭關係為導向的工具，內容為針對新生兒至三個月大嬰兒的十八項觀察指標，用於幫助家長了解與注意嬰兒的能力與個體性，期盼從嬰兒出生開始增加正向親子互動，以利培養正向親子關係。
20. 譯注：NNNS主要用於測驗新生兒的神經行為組織、神經反應與動作發展，除了適用於一般新生兒外，亦可檢測早產（三十四週以上）及藥物戒斷症候群等高風險新生兒。
21. 譯注：修通（work through）出於佛洛依德的心理動力學理論（Psychodynamic Theory），在精神分析中係指當事人藉由芻思的過程，反覆經歷、敘述與深入行為及反應的意義，從而對目前與過去的生活產生嶄新見解，學會從不同的角度反省，進而領悟與內涵一致的情緒，改變行為與反應。

第一章

1. J. Cohn and E. Tronick, "Mother-Infant Face-to-Face Interaction: The Sequence of Dyadic States at Three, Six, and Nine Months," Developmental Psychology 23 (1987): 68–77.
2. E. Tronick and A. Gianino, "Interactive Mismatch and Repair: Challenges to the Coping Infant," Zero to Three 6, no 3. (February 1986): 1–6.
3. F. E. Banella and E. Tronick, "Mutual Regulation and Unique Forms of Implicit Relational Knowing," in Early Interaction and Developmental Psychopathology, ed. G. Apter and E.
Devouche (Cham, Switzerland: Springer, 2017).
4. Jerome Bruner, Acts of Meaning (Cambridge, MA: Harvard University Press, 1990).
5. E. Tronick, The Neurobehavioral and Social-Emotional Development of Infants and Children (New York: W. W. Norton, 2007), 274–92, 322–38.
6. Louis Sander, "Regulation of Exchange in the Infant Caretaker System: A View-

會（American Board of Psychiatry and Neurology）考試，成為經學會認證的精神科醫師。

9. 譯注：心理學（Psychology）為探討心智與行為的科學學科，大致可分為理論心理學與應用心理學。psychologist一詞可譯為「心理學家」或「心理師」，前者著重透過實驗與觀察發展理論，後者主力以心理學理論知識協助個人、組織與社會，然兩者可視脈絡交互使用。根據美國心理學會（American Psychological Association）指出，一般來說在美國必須取得心理學博士學位方可稱為心理學家，且要累積一千五百至六千小時由合格心理師督導的臨床工作總時數，方可考取執照執業，然而各州規定又有所不同。台灣的心理師執照分為臨床心理師（clinical psychologist）與諮商心理師（counseling psychologist），美國則分為臨床與諮商兩種學校或學程，執照並無區分。
10. 作者注：儘管研究成果係指幼兒的所有人際關係，但由於研究對象多為母親，故實驗通常是以「母親」作為描述主體。
11. 譯注：家族星座係由奧地利心理學家阿德勒（Alfred Adler）提出，描述家庭團體的社會心理結構形式，以及家人之間的相對心理位置。該理論說明家庭成員的年齡差距、性別、出生序和權威與依順均為家族星座的因子，對家人的人格發展具有一定的影響。
12. E. Tronick et al.,"The Infant's Response to Entrapment Between Contradictory Messages in Face-to-Face Interaction," Journal of the American Academy of Child Psychiatry 17, no. 1 (1978).
13. E. Z. Tronick, "Why Is Connection with Others So Critical?," in Emotional Development, ed. J. Nadel and D. Muir (Oxford: Oxford University Press, 2005), 293–315.
14. 譯注：驅力係指個人不分次級或原級需求的驅使，盡可能採取行動減輕需求不滿造成的焦慮感，例如新生兒出生不久便會因食物需求產生啼哭行為。
15. Harry Harlow, "The Nature of Love," American Psychologist 13 (1958): 673–85.
16. W. Ball and E. Tronick, "Infant Responses to Impending Collision: Optical and Real," Science 171 (February 1971): 818–20.
17. Jerome Bruner, Acts of Meaning (Cambridge, MA: Harvard University Press, 1990).

注釋

前言

1. 該次診療係使用范德彼斯特ADHD評量表，詳見Caring for Children with ADHD: A Resource Toolkit for Clinicians (Itasca, IL: American Academy of Pediatrics, 2011).
2. 譯注：精神分析（Psychoanalysis）學派源自心理學家佛洛依德（Sigmund Freud），主張透過言語、行動及想像中的無意識意義探析個體心理過程，藉此治療精神官能症。美國精神分析學會（American Psychoanalytic Association）認證之精神分析師（psychoanalyst）須取得醫學博士或心理健康相關博士學位，且經過專業治療訓練方可執業；欲從事社工、婚姻及家庭治療之分析師則取得該領域碩士學位即可。
3. D. W. Winnicott, The Maturational Processes and the Facilitating Environment: Studies in the Theory of Emotional Development (New York: International Universities Press, 1965), 140–52.
4. Claudia M. Gold, Keeping Your Child in Mind: Overcoming Defiance, Tantrums, and Other Everyday Behavior Problems by Seeing the World Through Your Child's Eyes (Boston: Da Capo, 2011).
5. 詳見官網：https://www.umb.edu /academics/cla/psychology/professional_development/infant-parent -mental-health
6. 譯注：美國國定假日可分為聯邦假日（federal holidays）與州定假日（state holidays）；若聯邦假日落在週末，則提前一天於週五放假，以利國人使用三天連續假期。
7. 影片詳見：https://www.youtube.com/watch?v=apzXGEbZht0
8. 譯注：精神醫學（Psychiatry）是聚焦在診斷、治療和預防心理、情緒與行為疾病的醫學。根據美國精神醫學學會（American Psychiatric Association）指出，在美國需取得醫學博士和執業執照，並完成四年精神科住院醫師實習，方可稱為精神科醫師。通常完成實習的醫師會自願參加美國精神醫學與神經學專科醫學

人生顧問428

關係修復力：心理學大師教你從衝突、裂痕中培養更高的適應力，重拾人與人的連結

THE POWER OF DISCORD : Why the Ups and Downs of Relationships are the Secret to Building Intimacy, Resilience, and Trust

作　　者—艾德·楚尼克、克勞蒂亞·高德
譯　　者—盧思綸
主　　編—郭香君
責任編輯—許越智
責任企畫—張瑋之
美術設計—莊謹銘
內文排版—張瑜卿

編輯總監—蘇清霖
董 事 長—趙政岷
出 版 者—時報文化出版企業股份有限公司
一〇八〇一九臺北市和平西路三段二四〇號四樓
發行專線／（〇二）二三〇六—六八四二
讀者服務專線／〇八〇〇—二三一—七〇五
（〇二）二三〇四—七一〇三
讀者服務傳真／（〇二）二三〇四—六八五八
郵撥／一九三四—四七二四時報文化出版公司
信箱／一〇八九九臺北華江橋郵局第九九信箱
時報悅讀網—www.readingtimes.com.tw
綠活線臉書—https://www.facebook.com/readingtimesgreenlife/
法律顧問—理律法律事務所　陳長文律師、李念祖律師
印　　刷—勁達印刷有限公司
初版一刷—二〇二一年八月二十七日
定　　價—新台幣三八〇元

關係修復力：心理學大師教你從衝突、裂痕中培養更高的適應力，重拾人與人的連結／艾德·楚尼克（Ed Tronick），克勞蒂亞·高德（Claudia M. Gold）著；盧思綸譯.
---初版---臺北市：時報文化出版企業股份有限公司，2021.08
面；14.8×21公分. ---（人生顧問）
譯自：:The power of discord : why the ups and downs of relationships are the secret to building intimacy, resilience, and trust
ISBN 978-957-13-9141-0（平裝）

1. 人際關係　2. 人際衝突

177.3　　110009531

時報文化出版公司成立於一九七五年，並於一九九九年股票上櫃公開發行，於二〇〇八年脫離中時集團非屬旺中，以「尊重智慧與創意的文化事業」為信念。